ULTIMATIVNI PRIROČNIK ZA BRIOŠE

Obvladajte umetnost peke popolnih briošev vsakič

Frančiška Zupančič

Avtorski material ©2024

Vse pravice pridržane

Nobenega dela te knjige ni dovoljeno uporabljati ali prenašati v kakršni koli obliki ali na kakršen koli način brez ustreznega pisnega soglasja založnika in lastnika avtorskih pravic, razen kratkih citatov, uporabljenih v recenziji. Ta knjiga se ne sme obravnavati kot nadomestilo za zdravniški, pravni ali drug strokovni nasvet.

KAZALO

- KAZALO 3
- UVOD 6
- **KLASIČNI BRIOŠ** 7
  - 1. Pleteni brioš 8
  - 2. Brioš iz kislega testa 10
  - 3. Miniaturne žemljice Brioche 12
- **ČOKOLADNI BRIOŠ** 15
  - 4. Jutranje žemljice s kakavovim briošem 16
  - 5. Klasični čokoladni brioš 20
  - 6. Čokoladni brioš Babka 23
  - 7. Brioche z dvojno čokolado 26
  - 8. Brioche au Chocolat brez glutena 29
  - 9. Čokoladni Brioche Chinois 32
- **ZAČIMBENI BRIOŠI** 35
  - 10. Vanilijev brioš 36
  - 11. Cimetov brioš 39
  - 12. Čilski poper brioche 42
  - 13. Začinjen brioš z rakitovčevo skuto 45
  - 14. Začinjene žemljice Brioche Hot Cross 47
  - 15. Brioche štruca s čajem 50
  - 16. Brioš s sladkorjem in začimbami 53
  - 17. Brioš žemljice s kurkumo 56
  - 18. Brioš s cimetovim sladkorjem 59
  - 19. Brioš zvitki z muškatnimi rozinami 61
  - 20. Kardamom Orange Twist Brioche 63
  - 21. Medenjaki Brioche Loaf 65
  - 22. Pumpkin Spice Brioche Knots 67
  - 23. Chai Spiced Brioche Swirls 69
  - 24. Brioche jabolčni mafini 71
  - 25. Vanilijev kardamom brioš venček 73
- **REGIONALNI BRIOŠ** 75
  - 26. Klasični francoski brioš 76
  - 27. Merikanski brioš 79
  - 28. Švicarski čokoladni brioš 81
  - 29. Provansalski brioš z limono in sivko 84
  - 30. Južni brioš s cimetom in pekanom 87
  - 31. Skandinavski kardamom-pomarančni brioš 90
  - 32. Alzaški brioš Kugelhopf 93
  - 33. Provansalski Fougasse Brioche 95
  - 34. Švedski žafranov brioš Lussekatter 97
  - 35. Italijanski Panettone Brioche 99

36. Japonski Matcha Melonpan Brioche 101
37. Maroški brioš iz cvetov pomarančevca 103
38. Indijski brioš s kardamomom in žafranom 105
39. Mehiški čokoladni brioš s cimetom 107

SADNI BRIOŠ 109
40. Brioš s sadjem in orehi 110
41. Brioche žemljice s kremo z izkoščičenim sadjem in baziliko 112
42. Čokoladne brioše s pasijonko 115
43. Venček iz kandiranega sadja in orehovega brioša 118
44. Borovničev brioš z limono 121
45. Brioš z malinami in mandlji 123
46. Peach Vanilla Brioche Twist 125
47. Brioche pletenica z jagodnim kremnim sirom 127
48. Češnjevi mandljevi brioši 129
49. Mango kokos brioš zvitki 131
50. Brioš s sirom iz robidnice in limone 133
51. Citrus Kiwi Brioche Venec 135

ZELENJAVNI BRIOŠI 137
52. Brioches de pommes de terre 138
53. Brioš zvitki, polnjeni s špinačo in feto 140
54. Torta z brioši iz pražene rdeče paprike in kozjega sira 142
55. Brioche pletenica z gobami in švicarskim sirom 144
56. Focaccia Brioche iz bučk in parmezana 146
57. Brioš zvitki iz posušenih paradižnikov in bazilike 148
58. Brioš žemljice, polnjene s brokolijem in čedarjem 150
59. Karamelizirana čebulna in Gruyère Brioche torta 152
60. Vrtnice iz artičok in pesta Brioche 154

SIRNI BRIOŠ 156
61. Sirni brioš 157
62. Sir hruškov brioš 159
63. Brioš iz posušenih paradižnikov in mocarele 161
64. Parmezan in česen brioš vozli 163
65. Brioš, polnjen s slanino in čedarjem 165
66. Jalapeño in Pepper Jack Brioche zvitki 167
67. Gauda in zeliščni brioš 169
68. Brioš z modrim sirom in orehi 171

BRIOŠ Z OREŠČKI 173
69. Sladki brioš z rozinami in mandlji 174
70. Orehov orehov karamelni brioš 177
71. Brioche z mandlji in medom 179
72. Brioš vozli z orehovim in javorjevim sirupom 181
73. Lešnikovi čokoladni brioši 183
74. Brioš iz indijskih oreščkov in pomarančnih lupin 185

75. Brioš vozli iz pistacije in malinovega džema	187
76. Brioš iz makadamije in kokosa	189
77. Brioš z lešniki in espresso glazuro	191

CVETLIČNI BRIOŠ 193

78. Brioš iz koruzne moke sivke	194
79. Sivkin medeni brioš	196
80. Brioche vozli iz cvetnih listov vrtnice in kardamoma	198
81. Pomarančni cvetovi in pistacijevi brioši	200
82. Brioš iz kamilice in limonine lupinice	202
83. Zvitki z jasminovim čajem in breskovim briošem	204
84. Hibiskus in Berry Brioche Vozli	206
85. Brioš iz vijolice in limone	208
86. Bezgov in borovničev brioš	210

CHALLAH BRIOCHE 212

87. Pekač za kruh Challah	213
88. Majoneza Challah	215
89. Challah s šestimi pletenicami	217
90. Challah brez olja	220
91. Raisin Challah	222
92. Mehka Challah	224
93. Sourdough Challah	227
94. Novoletna Challah	230
95. Polnjena Challah	233
96. Sladka Challah	235
97. Zelo maslena Challah	238
98. Vodna Challah	240
99. Chocolate Swirl Challah	242
100. Čala s slanimi zelišči in sirom	244

ZAKLJUČEK 246

UVOD

Odpravite se na potovanje v prijeten svet briošev z "ULTIMATIVNI PRIROČNIK ZA BRIOŠE", vašim izčrpnim vodnikom za obvladovanje umetnosti peke popolnih briošev vsakič. Ta kuharska knjiga je praznovanje bogatih, maslenih in nežnih užitkov, ki opredeljujejo to ikonično francosko pecivo. S strokovno izdelanimi recepti in navodili po korakih je čas, da nadgradite svoje pekovske sposobnosti in se prepustite užitku ustvarjanja nebeških briošev v lastni kuhinji.

Predstavljajte si, kako aroma sveže pečenega brioša napolni vaš dom, zlata skorja pa se umakne mehki in zračni notranjosti. »ULTIMATIVNI PRIROČNIK ZA BRIOŠE« je več kot le zbirka receptov; to je vaša vstopnica, da postanete ljubitelj briošev, obvladate tehnike in razumete nianse tega klasičnega peciva. Ne glede na to, ali ste izkušen pek ali začetnik v kuhinji, so ti recepti natančno zasnovani, da vas vodijo na okusnem potovanju skozi svet briošev.

Od tradicionalnih štruc briošev do inovativnih preobratov in čudovitih različic, vsak recept je dokaz vsestranskosti in razvajanja, ki ga ponuja brioš. Ne glede na to, ali sanjate o lagodnem zajtrku ob koncu tedna, elegantnem poznem zajtrku ali čudovitem popoldanskem čaju, ta priročnik vas pokriva.

Pridružite se nam, ko demistificiramo umetnost peke briošev, raziskujemo znanost, ki stoji za popolnim vzhajanjem, čarobnost laminiranja masla v testo in veselje ob ustvarjanju peciva, ki je hkrati kulinarični čudež in dokaz vaše pekovske spretnosti. Torcj, predhodno segrejte svoje pečice, pobrišite prah z valjarjev in potopimo se v "ULTIMATIVNI PRIROČNIK ZA BRIOŠE" na potovanje pekovske popolnosti in čistega užitka.

KLASIČNI BRIOŠ

1.Pleteni brioš

SESTAVINE:
- ⅓ skodelice vode
- 2 veliki jajci
- 2 velika rumenjaka
- ¼ funta masla ali margarine
- 2½ skodelice večnamenske moke
- 3 žlice sladkorja
- ½ čajne žličke soli
- 1 paket aktivnega suhega kvasa

NAVODILA:
a) Dodajte sestavine v pekač stroja za kruh v skladu z navodili proizvajalca.
b) Izberite cikel za sladko ali testo. 3. Na koncu cikla postrgajte testo na desko, rahlo potreseno z večnamensko moko. Testo razdelite na 3 enake dele. Če pripravljate 1½-kilogramsko štruco, zvijte vsak kos, da oblikujete vrv, dolgo približno 12 palcev.
c) Za 2-kilogramsko štruco razvaljajte vsak kos, da oblikujete vrv, dolgo približno 14 palcev. Položite vrvi vzporedno približno 1 palec narazen na namaščen 14 x 17-palčni pekač.
d) Stisnite vrvi skupaj na enem koncu, ohlapno spletite, nato pa konca pletenice stisnite skupaj.
e) Hlebček rahlo pokrijte s plastično folijo in pustite stati na toplem, dokler ne napihne, približno 35 minut. Odstranite plastično folijo.
f) Stepite 1 velik rumenjak, da se zmeša z 1 žlico vode. Pletenico premažite z jajčno mešanico.
g) Pletenico pecite v pečici pri 350 F do zlato rjave barve, približno 30 minut. Ohladite na rešetki vsaj 15 minut pred rezanjem. Postrezite toplo, toplo ali hladno.

2. Brioš iz kislega testa

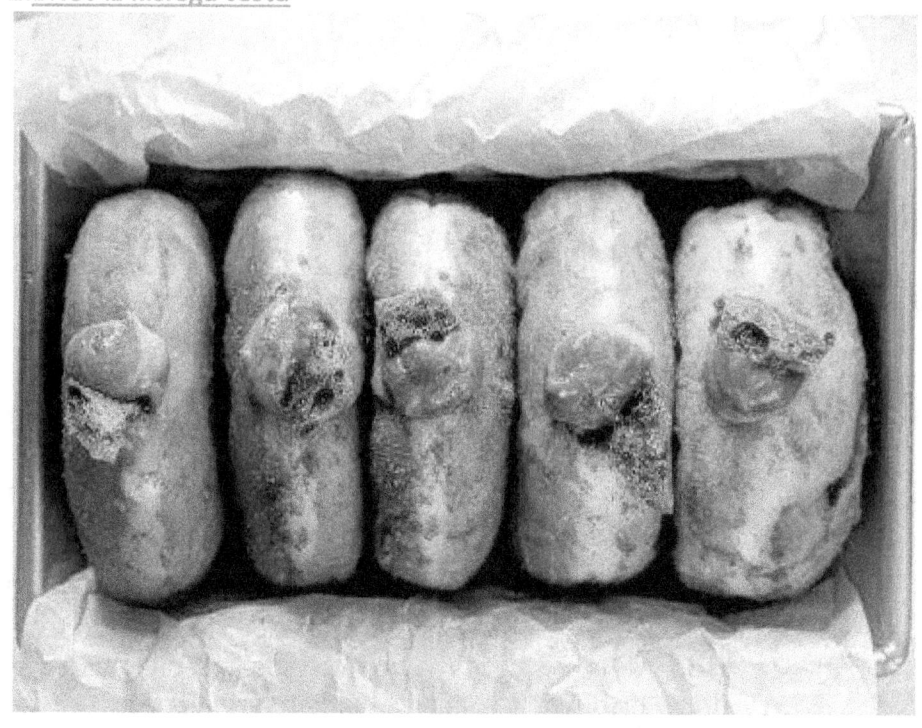

SESTAVINE:
- 3½ oz. (100 g) pšenične kisle predjedi
- 3½ skodelice (450 g) pšenične moke
- ⅔ skodelice (75 ml) mleka sobne temperature 5¼ čajne žličke (15 g) svežega kvasa
- 5 jajc
- ⅔ skodelice (75 g) sladkorja
- 1½ žlice (25 g) soli
- 1½ skodelice (350 g) nesoljenega masla, zmehčanega
- 1 jajce za ščetkanje

NAVODILA:
a) Kislo testo zmešamo s polovico pšeničnega zdroba, mlekom in kvasom. Zmes pustimo vzhajati približno 2 uri.
b) Dodamo vse sestavine razen masla in dobro premešamo. Nato postopoma dodajte maslo – približno ¼ skodelice (50 g) naenkrat. Dobro pregnetemo.
c) Pokrijemo s krpo in pustimo testo vzhajati približno 30 minut.
d) Oblikujte dvajset majhnih gladkih žemljic. Položimo jih v modelčke za kolačke in pustimo vzhajati, da se podvojijo. Žemlje namažite z jajcem.
e) Brioš pečemo pri 400°F (210°C) približno 10 minut.

3.Miniaturne žemljice Brioche

SESTAVINE:
ZAČETNIK:
- 1 skodelica (140 g) moke za kruh brez glutena
- 2⅔ čajne žličke (8 g) instant kvasa
- 1 žlica (12 g) sladkorja
- ½ skodelice mleka, poparjenega in ohlajenega na 95 °F
- ¼ skodelice plus 2 žlici tople vode (približno 95 °F)

TESTO:
- 3 skodelice (420 g) moke za kruh brez glutena
- 1 čajna žlička (6 g) košer soli
- 1½ žlice medu
- 3 velika jajca, stepena pri sobni temperaturi
- 11 žlic (154 g) nesoljenega masla pri sobni temperaturi
- Pranje jajc (1 veliko jajce, pri sobni temperaturi, stepeno z 1 žlico mleka)

NAVODILA:
ZA ZAČETEK:
a) V srednje veliki skledi zmešajte sestavine za začetnike, dokler se dobro ne povežejo. Zmes bo gosta in brez oblike.
b) Skledo pokrijemo in postavimo na toplo mesto brez prepiha, da vzhaja, dokler se ne podvoji, kar traja približno 40 minut.
c) Za testo:
d) Ko se predjed podvoji, naredite testo. V skledo stoječega mešalnika dajte moko in sol ter dobro premešajte.
e) V skledo dodajte med, jajca, maslo in vzhajano predjed. Mešajte pri nizki hitrosti s kavljem za testo, dokler se ne združi.
f) Hitrost mešalnika povečajte na srednjo in gnetite približno 5 minut. Testo bo lepljivo, vendar mora biti gladko in raztegljivo.
g) Silikonsko lopatko rahlo popršite z razpršilom za jedilno olje in postrgajte po stenah posode.
h) Testo prenesite v rahlo naoljeno skledo ali vedro za vzhajanje, ki je dovolj veliko, da se testo podvoji. Pokrijte ga z naoljenim kosom plastične folije (ali z naoljenim vrhom v vedro za preverjanje).
i) Testo postavimo v hladilnik za najmanj 12 ur in največ 5 dni.

NA PEKNI DAN:

j) Šestnajst miniaturnih modelčkov za brioše ali standardne modelčke za mafine dobro namastimo in odložimo na obrobljen pekač.
k) Testo zvrnemo na rahlo pomokano površino in gnetemo, dokler ni bolj gladko.
l) Testo razdelite na šestnajst enakih kosov, tako da ga postopoma razpolovite. Vsak kos oblikujte v krog, tako da bo en kos nekoliko manjši od drugega. Manjši krog položite na večjega v vsak model in rahlo pritisnite, da se sprimejo.
m) Modele na pekaču pokrijemo z naoljeno plastično folijo in jih postavimo na toplo brez prepiha, da vzhajajo, dokler se ne podvojijo (približno 1 uro).
n) Pečico segrejte na 350 °F približno 25 minut preden testo neha vzhajati.
o) Ko žemljice podvojijo velikost, odstranite plastično folijo, vrhove izdatno namažite z jajčno vodo in postavite pekač na sredino predhodno ogrete pečice.
p) Žemljice pecite približno 15 minut ali dokler niso rahlo zlato rjave barve in na termometru s takojšnjim odčitavanjem na sredini zabeležite 185 °F.
q) Pustite, da se žemljice na kratko ohladijo, preden jih postrežete. Uživajte v svojih miniaturnih žemljicah Brioche!

ČOKOLADNI BRIOŠ

4.Jutranje žemljice s kakavovim briošem

SESTAVINE:
PREDFERMENT
- 1⅓ skodelice (160 g) večnamenske moke
- 1¼ skodelice polnomastnega mleka
- 1 žlica instant kvas

TESTO
- 1 veliko jajce
- 1¾ skodelice polnomastnega mleka
- 1 žlica instant kvas
- ⅔ skodelice (133 g) granuliranega sladkorja
- ½ skodelice (42 g) nesladkanega kakava v prahu
- 1 žlica plus 1 žlička. košer sol
- 5½ skodelice (687 g) večnamenske moke plus več za površino
- 2 žlici. nesoljeno maslo, sobna temperatura, plus 2¼ skodelice (4¼ palčke) nesoljeno maslo, ohladite, vendar ne hladno

POLNJENJE IN MONTAŽA
- Nesoljeno maslo, sobne temperature, za ponev
- Surovi sladkor, za ponev
- ⅓ skodelice (pakirano, 66 g) temno rjavega sladkorja
- 1 žlica mleti cimet
- 1 čajna žlička košer sol
- ⅓ skodelice (66 g) granuliranega sladkorja in še več za premetavanje
- 3 oz. temna čokolada, nalomljena na majhne koščke
- 1 veliko jajce

NAVODILA:
PREDFERMENT
a) Zmešajte moko, mleko in kvas v skledi stojnega mešalnika, dokler se ne povežejo (mešanica bo redka, kot testo). Pustite vzhajati nepokrito na toplem, dokler se ne podvoji, približno 1 uro.

TESTO
b) Dodajte jajce, mleko in kvas za predhodno fermentacijo in pristavite na stoječi mešalnik. Pritrdite s kavljem za testo in stepajte pri nizki hitrosti, dokler se ne združi.
c) Dodajte granulirani sladkor, kakav v prahu, sol, 5½ skodelice (687 g) večnamenske moke in 2 žlici. maslo sobne

temperature; mešajte pri nizki hitrosti, dokler ne nastane gladko testo. Testo prestavimo v večjo skledo, pokrijemo z vlažno kuhinjsko krpo in pustimo vzhajati na toplem, da se podvoji, približno 1 uro.

d) Medtem zmešajte 2¼ skodelice (4¼ palčke) hladnega masla v čisti skledi stoječega mešalnika z nastavkom za lopatice pri nizki hitrosti, dokler ni gladko in mazljivo, vendar še vedno hladno. Obrnemo na list pergamentnega papirja in maslo oblikujemo v majhen pravokotnik z lopatico. Pokrijte z drugim listom pergamentnega papirja in maslo razvaljajte v pravokotnik 16x12". Maslo ohladite, dokler ni testo pripravljeno (maslo želite ohraniti hladno, vendar voljno; ne dovolite, da postane preveč čvrsto).

e) Testo prenesite na izdatno pomokano delovno površino in razvaljajte v pravokotnik 24 x 12"; postavite tako, da je krajša stran obrnjena proti vam. Odkrijte maslo in ga položite na vrh testa, ga poravnajte vzdolž bližnjega roba in pokrijte spodnji dve tretjini testa.

f) Zgornjo tretjino testa prepognite navzgor in čez maslo, nato spodnjo tretjino prepognite navzgor in čez (kot črka). Hitro, a nežno ponovno razvaljajte testo na pravokotnik 24 x 12" in po potrebi pomokajte delovno površino in valjar, da se prepreči prijemanje. (Če na kateri koli točki postane testo preveč lepljivo ali se maslo začne topiti, ohladite v hladilniku 20 minut in pustite, da se strdi, preden nadaljujete.)

g) Testo ponovno zložite na tretjine, zavijte v voščen papir ali plastiko in ohladite 1 uro.

h) Odstranite testo iz hladilnika in ponovite valjanje in zlaganje kot zgoraj, še enkrat. Zloženo testo razrežite na 3 enake pravokotnike in vsakega tesno zavijte v plastiko. Ohladite, dokler ni pripravljen za uporabo.

i) Naredite vnaprej: Testo lahko naredite 1 dan vnaprej. Hraniti na hladnem ali zamrzniti do 2 meseca.

POLNJENJE IN MONTAŽA

j) Ko ste pripravljeni na peko žemljic, izdatno namažite skodelice pekača za jumbo mafine s 6 skodelicami; vsako skodelico izdatno potresi s surovim sladkorjem. V majhni skledi zmešajte rjavi sladkor, cimet, sol in ⅓ skodelice (66 g) granuliranega sladkorja.

k) Delajte z 1 kosom testa, odvijte in razvaljajte v pravokotnik velikosti 12x6" približno ¾". Razrežite na šest pravokotnikov velikosti 6 x 2 ". Začnite ¼" od vrha krajše stranice in zarežite 2 vzdolžni zarezi v pravokotniku testa, da ustvarite 3 enake pramene. Spletite pramene in obilno potresite z mešanico rjavega sladkorja. Položite 2 ali 3 majhne koščke čokolade na pletenico in zvitke, tako da jih zložite nase. Položite žemljico s pletenico navzgor v pripravljen pekač za mafine. Ponovite s preostalimi 5 pravokotniki. Uporabite tretjino mešanice rjavega sladkorja in tretjino čokolade, preostalo mešanico rjavega sladkorja in čokolado pa rezervirajte za preostala 2 kosa testa.

l) Pečico segrejte na 375°. Žemljice ohlapno pokrijte s kuhinjsko brisačo ali plastično folijo in pustite vzhajati, da se malo podvojijo, približno 30 minut. (Druga možnost je, da žemljice čez noč vzhajajo v hladilniku in jih zjutraj spečete. Če žemljice v hladilniku niso opazno narasle, jih pustite stati na sobni temperaturi 30–60 minut pred peko.)

m) Stepite jajce in 2 žlički. vode v majhni skledi. Vrhove žemljic premažite z jajčno vodo in pecite, dokler se vrhovi ne napihnejo in se na njih ne razvije hrustljava zunanja plast, približno 35 minut. (Neoblite žemljice bi morale ob udarjanju zveneti rahlo votlo.) Pustite, da se ohladijo v pekaču 2 minuti, nato jih nežno dvignite iz pekača in prenesite na rešetko. Pustite stati, dokler žemljice niso dovolj ohlajene, da jih lahko obvladate.

n) V srednje veliko skledo dajte nekaj granuliranega sladkorja. Delajte eno za drugo, vrzite žemlje v sladkor in se vrnite na stojalo. Naj se popolnoma ohladi.

o) Ponovite s preostalimi kosi testa ali shranite preostalo mešanico cimeta in koščke čokolade ločeno v nepredušnih posodah pri sobni temperaturi, dokler ne pripravite za peko preostalega testa.

5.Klasični čokoladni brioš

SESTAVINE:
ZA TESTO ZA BRIOŠE:
- 2 3/4 skodelice (330 g) večnamenske moke
- 1 1/2 čajne žličke (4 g) instant kvasa
- 3 žlice (29 g) granuliranega sladkorja
- 1 1/4 (7 g) čajne žličke soli
- 4 velika (200 g) jajca, rahlo stepena pri sobni temperaturi
- 1/4 skodelice (57 g) polnomastnega mleka, pri sobni temperaturi
- 10 žlic (140 g) nesoljenega masla pri sobni temperaturi
- Pranje jajc

ZA ČOKOLADNI NADEV:
- 4 oz (113 g) nesoljenega masla, pri sobni temperaturi
- 1/4 skodelice (50 g) granuliranega sladkorja
- 1/3 skodelice (40 g) kakava v prahu
- 1 žlica (21 g) medu
- 1/4 čajne žličke (1,4 g) soli

NAVODILA:
ZA BRIOŠ:
a) V skledi stoječega mešalnika zmešajte moko, kvas, sladkor in sol. Dodamo jajca in mleko. Mešajte na srednji hitrosti 5 minut.
b) Postrgajte po straneh, dodajte moko, če je lepljiva, in nadaljujte z mešanjem. Ta postopek ponovite še dvakrat.
c) Pri šibki mešalniku dodajte polovico masla in premešajte. Postrgajte in dodajte preostalo maslo. Mešajte, dokler ni elastično in sijoče.
d) Testo prestavimo v pomokano skledo, pokrijemo in pustimo vzhajati 1-2 uri. Iztisnite pline in pustite čez noč v hladilniku.

ZA ČOKOLADNI NADEV:
e) Z mešalnikom stepemo zmehčano maslo, da postane kremasto. Dodamo sladkor in stepamo do puhastega. Zmešajte kakav v prahu, med in sol, dokler se ne meša.

ZA SESTAVLJANJE:
f) Testo razdelite na štiri dele. En kos razvaljajte na pravokotnik 7" x 12".
g) Razporedite četrtino nadeva, pri čemer pustite 1/2" rob. Tesno zvijte v klado. Ponovite z drugimi kosi.
h) Zamrznite polena za 5 minut. Po dolžini prerežite na pol, vrh pa pustite neodrezan. Spletite testo.
i) Premažite z vodo, oblikujte v krog in stisnite konce. Ponovite s preostalim testom.
j) Dokaz 1 uro. Pečico segrejte na 350°F/177°C.
k) Premažite z jajčno tekočino in pecite do zlato rjave barve, 20-25 minut.

6.Čokoladni brioš Babka

SESTAVINE:
TESTO:
- 4 1/4 skodelice (530 gramov) večnamenske moke, plus dodatek za posipanje
- 1/2 skodelice (100 gramov) granuliranega sladkorja
- 2 žlički instant kvasa
- Naribana lupinica polovice pomaranče
- 3 velika jajca (rahlo stepena)
- 1/2 skodelice vode (hladne in po potrebi dodatno)
- 3/4 čajne žličke fine morske ali kuhinjske soli
- 2/3 skodelice nesoljenega masla (150 gramov ali 5,3 unč), pri sobni temperaturi
- Sončnično ali drugo nevtralno olje, za mazanje sklede

POLNJENJE:
- 4 1/2 unče (130 gramov) dobre temne čokolade (ali približno 3/4 skodelice temnih čokoladnih koščkov)
- 1/2 skodelice (120 gramov) nesoljenega masla
- Nekaj 1/2 skodelice (50 gramov) sladkorja v prahu
- 1/3 skodelice (30 gramov) kakava v prahu
- Ščepec soli
- 1/4 čajne žličke cimeta (neobvezno)

SIRUP ZA GLAZIRANJE:
- 1/4 skodelice vode
- 4 žlice granuliranega sladkorja

NAVODILA:
NAREDITE TESTO:
a) V skledi vašega stoječega mešalnika zmešajte moko, sladkor in kvas.
b) Dodajte jajca, 1/2 skodelice vode in pomarančno lupinico. Mešajte s kavljem za testo, dokler se ne združi. Po potrebi dodajte dodatno vodo.
c) Pri nizki temperaturi mešalnika dodajamo sol, nato postopoma dodamo maslo. Mešajte na srednji hitrosti 10 minut, dokler ni gladka.
d) Večjo skledo premažemo z oljem, vanjo položimo testo, pokrijemo s plastično folijo in postavimo v hladilnik za vsaj pol dneva, najbolje pa čez noč.

NAREDITE NADEV:
e) Maslo in čokolado stopite skupaj do gladkega. Vmešajte sladkor v prahu, kakav v prahu, sol in po želji cimet.
f) Odstavimo, da se ohladi.

SESTAVI ŠTRČKE:
g) Polovico testa razvaljajte na rahlo pomokanem pultu na 10-palčno širino.
h) Polovico čokoladne mešanice razporedite po testu in pustite 1/2-palčni rob. Testo razvaljamo v klado, navlažen konec zalepimo.
i) Postopek ponovimo še z drugo polovico testa.
j) Obrežite konce, vsako poleno po dolžini razpolovite in položite enega poleg drugega na pult. Zvijte jih skupaj.
k) Vsak zavitek prenesite v pripravljene pekače za hlebce. Pokrijte in pustite vzhajati 1 do 1 1/2 ure na sobni temperaturi.

PEKAJ IN DOKONČAJ ŠTUČKE:
l) Pečico segrejte na 375 °F (190 °C). Pečemo 25-30 minut, preverjamo pečenost.
m) Pripravite preprost sirup tako, da kuhate sladkor in vodo, dokler se ne raztopita. S sirupom premažite babke takoj, ko zapustijo pečico.
n) Ohladite do polovice v pekaču, nato pa ga prestavite na rešetko, da se ohladi.
o) Babke se hranijo nekaj dni pri sobni temperaturi ali pa jih lahko zamrznete za daljše shranjevanje.

7.Brioche z dvojno čokolado

SESTAVINE:
ČOKOLADNO TESTO ZA BRIOŠE:
- 2 1/2 skodelice večnamenske moke
- 1/3 skodelice nesladkanega kakava v prahu
- 1/4 skodelice granuliranega sladkorja
- 2 1/4 čajne žličke aktivnega kvasa (1 zavitek)
- 1 čajna žlička soli
- 3/4 skodelice polnomastnega mleka
- 1 veliko jajce
- 4 žlice masla

ČOKOLADNI NADEV:
- 4 žlice masla, sobne temperature
- 1/3 skodelice rjavega sladkorja, pakirano
- 1 žlica nesladkanega kakava v prahu
- 1 čajna žlička espressa v prahu
- 2 unči temne čokolade, drobno sesekljane

DRUGO:
- 2 žlici masla, zmehčanega (za pripravo pekača)
- 1 žlica granuliranega sladkorja (za pripravo pekača)

NAVODILA:
a) V veliki skledi zmešajte 4 žlice masla in 3/4 skodelice polnomastnega mleka. Segrevajte, dokler se maslo popolnoma ne stopi.
b) Pustite, da se maslo in mleko ohladita na 100-110 stopinj. Dodajte 1/4 skodelice granuliranega sladkorja in 1 zavitek aktivnega suhega kvasa. Pustite stati približno 10 minut, dokler kvas ne nastane mehurček in se speni.
c) V skledo stepemo 1 jajce.
d) V skledo presejte 2 1/2 skodelice večnamenske moke, 1/3 skodelice nesladkanega kakava v prahu in 1 čajno žličko soli. Mešajte, dokler se ne začne oblikovati testo.
e) Testo prestavimo na pomokano površino in gnetemo približno 5 minut.
f) Testo prenesite v veliko, rahlo pomaščeno stekleno skledo. Tesno pokrijte s plastično folijo in pustite počivati 60-90 minut ali dokler se ne podvoji.

g) Testo razvaljamo v velik pravokotnik. Po celotni površini namažemo 4 žlice zmehčanega masla.
h) V majhni posodi zmešajte 1/3 skodelice rjavega sladkorja, 1 žlico nesladkanega kakava v prahu in 1 čajno žličko espressa v prahu. Mešanico poškropite po celotni površini, nato dodajte 2 unči drobno sesekljane temne čokolade.
i) Testo tesno zvijte kot cimetovo rolado in stisnite rob, da se zapre. Razvaljano testo po dolgem položimo s šivi navzdol.
j) Razvaljano testo prerežemo na pol in ga spletemo v kito.
k) Pripravite pekač velikosti 9"x5" tako, da celotno notranjost pokrijete z 2 žlicama zmehčanega masla in potresete z 1 žlico granuliranega sladkorja.
l) Pleteno štruco prenesite v pripravljen pekač, tako da konce podvijete. Pokrijte s plastično folijo in pustite počivati na toplem 45 minut.
m) Pečico segrejte na 350 stopinj. Ko je testo vzhajano, ga pecite 25-28 minut, dokler ni vrh strjen in čvrst na otip.
n) Pekač za kruh prestavite na rešetko za hlajenje za 10 minut, nato štruco prenesite neposredno na rešetko, da se popolnoma ohladi. Uživajte v dvojnem čokoladnem briošu!

8.Brioche au Chocolat brez glutena

SESTAVINE:
SLADKO TESTO:
- 1¾ skodelice (245 g) mešanice moke za kruh Kim's brez glutena
- ½ skodelice (100 g) granuliranega sladkorja
- 1 čajna žlička pecilnega praška
- 1 žlica plus ¾ čajne žličke (12 g) instant kvasa
- 1 žlica (5 g) celih luščin psiliuma (ali 1½ čajne žličke luščin trpotca v prahu)
- ½ čajne žličke košer soli
- ¾ skodelice (180 ml) polnomastnega mleka
- 6 žlic (85 g) masla, zelo mehkega ali stopljenega
- 1 veliko jajce, pri sobni temperaturi

SLAŠČIČARSKA KREMA:
- ½ skodelice (120 ml) polnomastnega mleka
- ½ skodelice (120 ml) težke smetane
- 3 veliki rumenjaki
- ¼ skodelice (50 g) granuliranega sladkorja
- 2 žlici (15 g) koruznega škroba
- 1 čajna žlička ekstrakta vanilije, paste iz stroka vanilije ali 1 strok vanilije, postrgana semena
- 1 žlica masla, zmehčanega

SESTAVLJANJE:
- 4 oz (113 g) polsladke ali temne čokolade, grobo narezane
- ¼-½ čajne žličke mletega cimeta, neobvezno

NAVODILA:
NAREDITE TESTO:
a) Vse sestavine zmešajte v veliki skledi za mešanje in stepajte ali gnetite 5 minut, dokler se dobro ne povežejo.
b) Pustite, da se testo podvoji, 1-2 uri. Testo postavite v hladilnik za vsaj 6 ur, najbolje pa čez noč.

NAREDITE SLAŠČIČARSKO KREMO:
c) Segrevajte polnomastno mleko in smetano, dokler ne zavre. Rumenjake, sladkor, koruzni škrob in vanilijo stepamo do gostote in traku.
d) Mlečno mešanico počasi prilivamo k rumenjakovi zmesi, močno mešamo. Počasi dodajamo preostalo mleko.

e) Mešanico vlijemo nazaj v ponev in nenehno mešamo, dokler se ne zgosti.
f) Odstranite z ognja, dodajte maslo in vanilijo. Hladite s plastično folijo, ki se dotika smetane.

ZA SESTAVLJANJE ROLET:

g) Na dobro pomokani površini na kratko pregnetite testo, dokler ni gladko.
h) Razvaljajte v 10x14-palčni pravokotnik debeline približno ¼ palca.
i) Ohlajeno slaščičarsko kremo premažemo po testu. Potresemo z nasekljano čokolado in cimetom (po želji).
j) Čvrsto zvijte v obliki želeja. Poleno raztegnite nekoliko dlje od sredine.
k) Razrežemo na 8 enakih kosov. Če je preveč lepljivo, zamrznite za 10 minut.
l) Zvitke položite v pekač, pokrijte in pustite vzhajati, dokler se ne podvojijo, od 30 minut do ene ure.
m) Pečico segrejte na 350°F.
n) Odstranite plastično folijo in pecite približno 30 minut oziroma do zlato rjave barve.
o) Postrežemo toplo. Uživajte v svojem brezglutenskem briošu s čokolado!

9. Čokoladni Brioche Chinois

SESTAVINE:
ZA TESTO ZA BRIOŠE:
- 375 g moke
- 8 g soli
- 40 g sladkorja
- 15 g svežega pekovskega kvasa
- 4 cela jajca, pri sobni temperaturi
- 190 g nesoljenega masla, zmehčanega
- 2 žlici tople vode

ZA NADEV:
- 300 g vanilijeve kreme
- 3 cl temnega ruma
- 150 g temnih čokoladnih koščkov

ZA KONEC:
- 1 rumenjak (za glazuro)
- Sladkor v prahu

NAVODILA:
NAREDITE TESTO ZA BRIOŠE:
a) V posodi mešalnika zmešajte moko, sladkor in sol.
b) Kvas razredčimo v topli vodi in odstavimo.
c) Na sredino moke položite jajca in gnetite s kavljem za testo, dokler ne nastane testo.
d) Dodajte preostalo jajce in gnetite, dokler testo ni gladko.
e) Dodamo zmehčano maslo in razredčen kvas, zgnetemo do gladkega.
f) Pustite, da testo vzhaja, dokler se ne podvoji (1,5 do 2 uri).
g) Testo postavite v hladilnik za vsaj 6 ur, najbolje pa čez noč.

NAREDITE SLAŠČIČARSKO KREMO:
h) Segrevajte polnomastno mleko in smetano, dokler ne zavre.
i) Rumenjake, sladkor, koruzni škrob in vanilijo stepamo do gostega.
j) Mlečno mešanico počasi prilivamo k rumenjakovi zmesi, močno mešamo.
k) Mešanico vlijemo nazaj v ponev, nenehno mešamo, dokler se ne zgosti.
l) Stepite maslo in vanilijo, nato ohladite s plastično folijo, ki se dotika smetane.

SESTAVI BRIOŠ:
m) Testo razdelite na dva dela, enega 200 gramov in drugega približno 600 gramov.
n) Manjši del razvaljajte, da obložite dno okroglega tortnega modela.
o) Večji del razvaljamo v pravokotnik in namažemo s kremo, čokoladnimi koščki, nato zvijemo.
p) Zavitek razrežemo na 7 enakih delov in jih razporedimo po modelu.
q) Pustite vzhajati, dokler zvitki ne napolnijo pekača.
r) Površino premažemo z jajčno pasto in pečemo na 180°C približno 25 minut.
s) Ohlajene potresemo s sladkorjem v prahu.

ZAČIMBENI BRIOŠI

10. Vanilijev brioš

SESTAVINE:
- 3 ovojnice aktivni suhi kvas
- ½ skodelice toplega mleka (približno 110 stopinj)
- 1 vanilijev strok, razrezan
- 5 skodelic moke
- 6 jajc
- ½ skodelice tople vode (110 stopinj)
- 3 žlice sladkorja
- 2 čajni žlički soli
- 3 palčke plus 2 žlici
- Maslo, sobna temperatura
- 1 Stepen rumenjak

NAVODILA:
a) Pečico segrejte na 400 stopinj F. V majhni skledi zmešajte kvas in mleko ter premešajte, da se kvas raztopi.
b) Dodajte 1 skodelico moke in premešajte, da se dobro premeša. Z nožem postrgajte strok vanilije in mezgo vmešajte v mešanico kvasa.
c) Pustite stati pri sobni temperaturi na toplem mestu brez prepiha približno 2 uri, da omogočite fermentacijo.
d) V veliko skledo za mešanje dajte 2 skodelici moke. Dodajte 4 jajca, eno po eno, in ob vsakem dodajanju temeljito stepite v moko z leseno žlico. Testo bo lepljivo, gosto in gobasto.
e) Dodajte vodo, sladkor in sol ter dobro premešajte in močno stepajte. Dodajte 3 palčke masla in ga z rokami vmešajte v testo, dokler se dobro ne zmeša. Dodajte preostali 2 jajci in dobro premešajte v testo. Dodajte preostali 2 skodelici moke in vmešajte v testo ter s prsti razbijte morebitne grudice. Dodajte mešanico kvasa.
f) Z rokami pregnetite in zložite starter v testo. Nadaljujte z gnetenjem in zlaganjem, dokler ni vse dobro premešano, približno 5 minut. Testo bo lepljivo in vlažno. Pokrijte s čisto krpo in pustite vzhajati na toplem, brez prepiha, dokler se ne podvoji, približno 2 uri.
g) Za pripravo štruc rahlo premažite dva pekača za štruce velikosti 9 x 5 x 3 palcev s preostalima 2 žlicama masla. Za pripravo zvitkov premažite 12 standardnih skodelic za mafine.

S prsti rahlo udarjamo po testu. Testo razdelite na 2 enaka dela in položite v pekače.

h) Za svaljke razdelite testo na 12 enakih delov in položite v posodice za mafine. Po vrhu premažemo z rumenjakom. Pokrijte in pustite vzhajati na toplem mestu brez prepiha, dokler se ne podvoji, približno 1 uro.

i) Štruce pečemo 25 do 30 minut, žemljice pa 20 minut oziroma do zlato rjave barve. Pekače vzamemo iz pečice in ohladimo na rešetki. Hlebčke ali svaljke obrnite iz pekačev in popolnoma ohladite na rešetki.

11. Cimetov brioš

SESTAVINE:
- 1 paket suhega kvasa
- 1 žlica sladkorja
- ¼ skodelice toplega mleka
- 2 skodelici moke
- 1 čajna žlička soli
- ¼ skodelice zamrznjenega masla, narezanega na koščke
- 2 jajci
- 2 žlici stopljenega masla
- 2 žlici sladkorja, pomešanega s
- 2 čajni žlički cimeta

NAVODILA:
a) Čez cimetov sladkor potresemo na primer rozine. Ali pa razvaljano testo potresemo s čokoladnimi ostružki in ga prepognemo na enak način in na koncu dobimo prijeten čokoladni pain. Ali pa testo namažemo s kakršno koli sadno marmelado ... dobite sliko.
b) V majhni skledi zmešajte kvas, sladkor in mleko. Odložite za dokazovanje.
c) V kuhinjskem robotu zmešajte moko, sol in maslo ter stročnice, da na drobno narežete maslo. Dodajte mešanico kvasa in ponovno utripajte, nato dodajte jajca in obdelujte, dokler se testo ne zbere v kepo, ki se čisto oddalji od sten delovne posode in se premika po vrhu rezila. Postopek 1 minuto. Nato odstranite žogo na rahlo pomokano desko in gnetite 1-2 minuti, dokler ni gladka.
d) Testo oblikujte v gladko kroglo in jo položite v rahlo naoljeno skledo ter obrnite, da obložite vse strani krogle. Ohlapno pokrijte s plastično folijo. Postavite na toplo mesto, da vzhaja, dokler se masa ne podvoji, približno 1½ do 2 uri.
e) Druga možnost je, da zgneteno testeno kepo položite v rahlo zaprto plastično vrečko za hrano in čez noč postavite v hladilnik. Testo bo počasi vzhajalo v plastični vrečki za živila in ga je treba le segreti na sobno temperaturo, preden ga razvaljate.
f) Ko vzhaja, testo preluknjamo in sploščimo v pravokotnik. Na rahlo pomokani deski razvaljajte na ½" debelo. Če je testo kvadratno, ga prerežite na pol. Zgornjo površino namažite s stopljenim maslom in potresite s cimetovim sladkorjem. Dolgo stran pravokotnika testa prepognite za ⅔ čez testo.
g) Preostalo ⅓ testa prepognemo kot na črki. Po vrhu namažite z maslom in ponovno potresite s cimetovim sladkorjem. Narežite na 2" široke dele, prenesite v nenamaščen pekač. Pustite, da ponovno vzhaja, dokler ne napihne, 15-20 minut.
h) Pečemo pri 350'F. 20-30 minut, do svetlo rjave barve.

12.Čilski poper brioche

SESTAVINE:
- 3½ skodelice večnamenske moke
- 1 paket aktivnega suhega kvasa
- ½ čajne žličke mletega posušenega rdečega čilija
- 1 žlica mlačne vode
- 1½ žlice sladkorja
- 1½ čajne žličke soli
- ½ čajne žličke sveže mletega črnega popra
- ¼ skodelice rdeče paprike; zmleta, zmleta, pražena in olupljena pri sobni temperaturi
- ½ funta nesoljenega zmehčanega masla; narežemo na majhne koščke, plus
- 2 žlici nesoljenega zmehčanega masla
- ⅓ skodelice mletega; pražene in sveže olupljene poblano čilije na sobni temperaturi
- 5 jajc pri sobni temperaturi
- 2 žlici mleka

NAVODILA:
a) V skledi električnega mešalnika z nastavkom z lopatico zmešajte moko, sladkor, kvas, sol, mleti čili in črni poper; dobro pretlačite. Na kratko premešajte na nizki hitrosti. Povečajte hitrost na srednjo in dodajte vodo, mleko, poblano čili in papriko; dobro pretlačite.
b) Dodajte jajca, eno za drugim, po vsakem dodajanju dobro premešajte. Preklopite na kavelj za testo in gnetite tri minute.
c) Testo bo zelo lepljivo. Dodajte maslo v testo, en kos naenkrat, in nadaljujte z gnetenjem, dokler testo ni gladko in sijoče in se maslo popolnoma vključi, 10-20 minut. Testo prestavimo v rahlo z maslom namazano skledo in testo obrnemo, da ga enakomerno premažemo z maslom.
d) Pokrijte skledo s plastično folijo in pustite, da testo vzhaja na toplem, dokler se ne podvoji, približno tri ure. Testo preluknjamo in zvrnemo na rahlo pomokano površino.
e) Z močno pomokanimi rokami gnetemo pet minut. Vrnite se v skledo, namazano z maslom, in obrnite testo, da se enakomerno prekrije; pokrijte in ohladite testo vsaj šest ur ali čez noč v hladilniku.

f) Testo vzamemo iz hladilnika in iz hladnega testa oblikujemo dva majhna hlebčka.
g) Položite ga v dva z maslom namazana pekača za štruce velikosti 4 x 9 palcev, pokrijte s kuhinjsko krpo in pustite vzhajati na toplem, dokler testo ne napolni pekačev za štruce in ne skoči nazaj, ko ga rahlo pritisnete, približno eno uro. Pečico segrejte na 375 stopinj.
h) Hlebce pecite na sredini pečice, dokler ne postanejo zlatorjavi in ob udarjanju zazvenijo votlo, približno 30 minut.
i) Odstranite štruce iz pečice in jih obrnite na rešetke, da se ohladijo.

13. Začinjen brioš z rakitovčevo skuto

SESTAVINE:
- 1/2 štručke brioša
- 125 g sladkorja v prahu
- 25 g mletega kardamoma
- 20 g mletega cimeta
- 5 g mletega muškatnega oreščka
- 2 žlici repičnega olja
- Rakitov skuta:
- 35 ml soka rakitovca
- 185 g sladkorja v prahu
- 1 jajce
- 55 g soljenega masla
- 10 g koruzne moke

NAVODILA:
a) Strmi rakitovčev sok s 100 g sladkorja 30 minut.
b) Zmes rakitovca v hladni ponvi zmešamo s preostalimi sestavinami in na srednjem ognju mešamo 6 minut.
c) Odstranite z ognja, mešajte še eno minuto.
d) Prepričajte se, da je temperatura med 80-85 °C in ohladite s pokrovom, da preprečite nastanek kože.
e) Pečico segrejte na 180°C/plinska oznaka 4.
f) Hlebček brioša narežemo in izrežemo 8 kock velikosti 4 x 4 cm.
g) Vse začinjene sestavine za brioše (razen brioševi) temeljito premešajte.
h) Kocke brioša z vsake strani zlato ocvremo na malo oljne ogrščice.
i) Kocke povaljajte v mešanici začinjenega sladkorja.
j) Položite na pekač in pecite 10-15 minut oziroma dokler ne porjavi.
k) Tople začinjene brioš kocke postrežemo s skledico pripravljene rakitovčeve skute za pomakanje.

14.Začinjene žemljice Brioche Hot Cross

SESTAVINE:
TESTO
- 600 g navadne moke plus še za gnetenje
- 75 g sladkorja v prahu
- 1 žlička soli
- 7 g instant kvasa za enostavno peko
- 2 žlički mletega cimeta
- 1/2 žličke mletega pimenta
- 1/2 žličke mletega ingverja
- 1/4 žličke mletega muškatnega oreščka
- 125 ml polnomastnega ali delno posnetega mleka
- 4 velika jajca stepena
- 150 g sultanij
- 175 g nesoljenega masla sobne temperature
- 80 g mešane lupine
- 2 pomaranči - lupina

KRIŽ
- 100 g navadne moke
- 90 ml vode

GLAZURA
- 2 žlici sladkorja v prahu
- 2 žlici vrele vode

NAVODILA:
ZA TESTO:
a) V veliko skledo dajte moko, sladkor, sol, kvas in začimbe ter s silikonsko lopatko premešajte, dokler se ne povežejo. Nato v sredino naredite jamico, vanjo vlijete mleko in stepena jajca. Mešajte z lopatko, dokler ne nastane grobo testo. Nato pomokajte delovno površino in testo vzamete iz sklede, gnetite 5 minut, dokler testo ne postane gladko. Nato pustite počivati pet minut.
b) Medtem dajte sultanije v majhno toplotno odporno skledo in jih prelijte z vrelo vodo. Nato odstavite.
c) Dodajte maslo v testo, eno žlico naenkrat, in gnetite, da se maslo popolnoma poveže. Delovno površino boste morali ves čas nekajkrat pomokati, saj bo testo zelo lepljivo. (Če imate

strgalo za testo, bo tudi to pomagalo pri manevriranju testa.) Ta postopek naj traja približno 10–15 minut.
d) Ko zmešate vse maslo, nadaljujte z gnetenjem testa še 10 minut, dokler ni gladko in voljno ter se ne lepi več.
e) Sultanke temeljito odcedimo, nato pa primešamo zmešano lupinico in pomarančno lupinico. Nato testo rahlo sploščimo in razporedimo po sadju. Testo malo pregnetemo, da se sadje dobro poveže – testo bo rahlo mokro. Večjo skledo rahlo naoljite, vanjo položite testo in pokrijte s folijo za živila. To pustimo vzhajati vsaj eno uro na toplem, dokler se masa ne podvoji.
f) Vzhajano testo stresite na rahlo pomokano delovno površino in rahlo udarite nazaj, da sprostite zrak. Nato ga razdelite na 12 enakih kosov in razvaljajte v kroglice. Kroglice polagamo na obložen pekač z malo prostora za rast. Nato pustite vzhajati 45 minut na toplem, dokler se ne napihne. Medtem segrejte pečico na 220C/200C Ventilator/Plin Mark 7.

ZA KRIŽE:
g) Medtem ko žemljice vzhajajo, naredite pasto tako, da v majhni skledi zmešate moko in vodo, da se dobro povežeta. Nato položite v cevno vrečko in odrežite konec, da ustvarite srednjo luknjo.
h) Ko žemljice vzhajajo, čez vsako žemljico narišite navpične in vodoravne črte. Nato pečemo 20 minut do zlato rjave barve.

ZA GLAZURO:
i) Ko so žemljice skoraj pečene, v majhni skledi zmešajte vrelo vodo in sladkor.
j) Žemljice vzamemo iz pečice in s čopičem za pecivo premažemo še vroče glazuro.
k) Nato pustimo, da se ohladi na rešetki.

15. Brioche štruca s čajem

SESTAVINE:
ZA BRIOŠ:
- 250 ml (1 skodelica) mleka
- 1 1/2 žličke čajnega čaja iz listov
- 6 strokov kardamoma, zdrobljenih
- 1 cimetova palčka
- 2 zvezdasti janež
- 2 žlički drobno naribane pomarančne lupinice
- 7 g vrečke posušenega kvasa
- 70 g (1/3 skodelice) surovega sladkorja
- 2 jajci
- 400 g (2 2/3 skodelice) navadne moke za kruh
- 100 g masla, sobne temperature, narezanega na 1 cm velike koščke

ZA NADEV:
- 150 g pistacij, rahlo popečenih
- 150 g masla, sobne temperature
- 70 g (1/3 skodelice) surovega sladkorja
- 55 g (1/4 skodelice) trdno pakiranega rjavega sladkorja
- 80 g navadne moke
- 2 žlički mletega ingverja
- 2 žlički mletega cimeta
- 1/4 žličke mletega kardamoma
- 1/4 žličke mletih nageljnovih žbic
- 1 žlica makovih semen

ZA GLAZURO:
- 2 žlici surovega sladkorja v prahu
- 2 žlici vode
- 2 žlički čajnega čaja iz listov

NAVODILA:
MLEKO S ČAJEM:
a) V ponvi zmešajte mleko, chai čaj, kardamom, cimet, zvezdasti janež in pomarančno lupinico.
b) Zavremo, nato pa pustimo vreti 2 minuti. Pustite 15 minut, da se napolni in nekoliko ohladi. Precedite skozi cedilo v vrč.

KVASNA MEŠANICA:
c) V mlečno zmes stepemo kvas in 1 žlico sladkorja.

d) Pustite stati 10 minut, dokler se ne speni. Vmešajte jajce.

TESTO ZA BRIOŠE:
e) Premešajte moko in preostali sladkor, dokler se ne združita.
f) Dodajte mlečno mešanico in obdelujte, dokler se testo ne združi.
g) Ko motor deluje, postopoma dodajajte maslo, dokler ne nastane mehko, lepljivo testo.
h) Testo zvrnemo na pomokano površino, gnetemo do gladkega in pustimo vzhajati 1 uro, da se podvoji.

POLNJENJE:
i) Pistacije obdelajte, dokler niso drobno sesekljane.
j) Dodajte maslo, sladkorje, moko, ingver, cimet, kardamom in nageljnove žbice. Procesirajte, dokler se ne združita.

SESTAVLJANJE IN DOKAZOVANJE:
k) Testo razvaljamo na pravokotnik 50 cm x 30 cm.
l) Nadev namažemo in potresemo z makom.
m) Zvijte v poleno, prerežite na pol po dolžini in prekrižajte polovice za učinek zasuka.
n) Položimo v pomaščen pekač, pokrijemo in vzhajamo 45 minut.

PEKA:
o) Pečico segrejte na 180C/160C z ventilatorjem.
p) Pecite od 55 minut do 1 ure ali dokler ne postanejo zlate in nabodalo ne pride ven čisto.

ČAJ GLAZURA:
q) V ponvi zmešajte sladkor, vodo in čajni čaj. Dušimo toliko časa, da se sladkor raztopi in zmes rahlo zgosti.
r) Vročo štruco namažite s čajno glazuro.
s) Pustite, da se rahlo ohladi v pekaču 15 minut, preden postrežete toplo.

16.Brioš s sladkorjem in začimbami

SESTAVINE:
ZA TESTO ZA BRIOŠE:
- 2 1/4 skodelice (315 g) večnamenske moke
- 2 1/4 skodelice (340 g) moke za kruh
- 1 1/2 paketa (3 1/4 žličke) aktivnega suhega kvasa
- 1/2 skodelice plus 1 žlica (82 g) sladkorja
- 1 žlica soli
- 1/2 skodelice (120 g) hladne vode
- 5 velikih jajc
- 1 skodelica in 6 žlic (2 3/4 palčke/310 g) nesoljenega masla pri sobni temperaturi, narezanega na približno 12 kosov

ZA PRELIV:
- 1/2 skodelice (100 g) sladkorja
- 1/2 žličke mletega cimeta
- 1/4 žličke mletega ingverja
- 1/4 žličke mletega muškatnega oreščka
- Ščepec zmletih nageljnovih žbic
- Ščepec soli
- 1/4 skodelice (56 g) nesoljenega masla, stopljenega

NAVODILA:
ZA TESTO ZA BRIOŠE:
a) V stoječem mešalniku, opremljenem s kavljem za testo, zmešajte večnamensko moko, moko za kruh, kvas, sladkor, sol, vodo in jajca.
b) Stepajte na nizki hitrosti 3 do 4 minute, dokler se sestavine ne povežejo.
c) Nadaljujte s stepanjem pri nizki hitrosti še 3 do 4 minute; testo bo trdo in suho.
d) Pri nizki hitrosti dodajte maslo en kos naenkrat, pri čemer zagotovite, da je vsak kos popolnoma zmešan, preden dodate naslednjega.
e) Mešajte na nizki hitrosti približno 10 minut, občasno postrgajte po stenah in dnu posode.
f) Povečajte hitrost na srednjo; stepajte 15 minut, dokler testo ni lepljivo, mehko in sijoče.
g) Povečajte hitrost na srednje visoko; stepajte približno 1 minuto, dokler testo ne postane elastično.

h) Testo damo v veliko naoljeno skledo, pokrijemo s plastično folijo in pustimo vzhajati v hladilniku vsaj 6 ur ali čez noč. Testo lahko na tej točki zamrznete do 1 teden.

ZA BRIOŠ ŽEMLJICE:
i) Ko ste pripravljeni za izdelavo žemljic, vzemite polovico testa.
j) 10 skodelic standardnega pekača za mafine z 12 skodelicami obložite s papirnatimi podlogami ali maslom in izdatno pomokajte.
k) Na pomokani površini stisnite testo v pravokotnik velikosti 10 x 5 palcev.
l) Testo razrežite na 10 enakih 1-palčnih x 5-palčnih trakov, nato pa vsak trak razrežite na 5 kosov, tako da dobite 50 kvadratov.
m) V vsako skodelico za mafine položite 5 kvadratov, pokrijte s plastično folijo in pustite vzhajati na toplem približno 1 uro in pol, da postane napihnjena in mehka.
n) Pečico segrejte na 350 ° F; pečemo 25 do 35 minut do zlato rjave barve.
o) Pustite, da se žemlje ohlajajo 5 do 10 minut na rešetki.

ZA PRELIV:
p) V majhni skledi zmešajte sladkor, začimbe in sol.
q) Vrh žemljic premažite s stopljenim maslom in povaljajte v mešanici sladkorja, da se enakomerno prekrije.
r) Žemlje so najbolje postrežene v 4 urah po peki. V nepredušni posodi jih lahko shranite do 1 dan, nato jih 5 minut segrevate v pečici na 300 °F.

17. Brioš žemljice s kurkumo

SESTAVINE:
ZA TESTO ZA BRIOŠE:
- 2 1/4 skodelice (315 g) večnamenske moke
- 2 1/4 skodelice (340 g) moke za kruh
- 1 1/2 paketa (3 1/4 žličke) aktivnega suhega kvasa
- 1/2 skodelice plus 1 žlica (82 g) sladkorja
- 1 žlica soli
- 1/2 skodelice (120 g) hladne vode
- 5 velikih jajc
- 1 skodelica in 6 žlic (2 3/4 palčke/310 g) nesoljenega masla pri sobni temperaturi, narezanega na približno 12 kosov
- 1 1/2 žličke mlete kurkume (za živahno barvo in subtilno začimbo)

ZA PRELIV:
- 1/2 skodelice (100 g) sladkorja
- 1/2 žličke mletega cimeta
- 1/4 žličke mletega ingverja
- 1/4 žličke mletega muškatnega oreščka
- Ščepec zmletih nageljnovih žbic
- Ščepec soli
- 1/4 skodelice (56 g) nesoljenega masla, stopljenega

NAVODILA:
ZA TESTO ZA BRIOŠE:
a) V stojnem mešalniku, opremljenem s kavljem za testo, zmešajte večnamensko moko, moko za kruh, kvas, sladkor, sol, vodo, jajca in mleto kurkumo.
b) Stepajte na nizki hitrosti 3 do 4 minute, dokler se sestavine ne povežejo.
c) Nadaljujte s stepanjem pri nizki hitrosti še 3 do 4 minute; testo bo trdo in suho.
d) Pri nizki hitrosti dodajte maslo en kos naenkrat, pri čemer zagotovite, da je vsak kos popolnoma zmešan, preden dodate naslednjega.
e) Mešajte na nizki hitrosti približno 10 minut, občasno postrgajte po stenah in dnu posode.
f) Povečajte hitrost na srednjo; stepajte 15 minut, dokler testo ni lepljivo, mehko in sijoče.

g) Povečajte hitrost na srednje visoko; stepajte približno 1 minuto, dokler testo ne postane elastično.
h) Testo damo v veliko naoljeno skledo, pokrijemo s plastično folijo in pustimo vzhajati v hladilniku vsaj 6 ur ali čez noč. Testo lahko na tej točki zamrznete do 1 teden.

ZA BRIOŠ ŽEMLJICE:
i) Ko ste pripravljeni za pripravo žemljic, vzemite polovico s kurkumo začinjenega testa.
j) 10 skodelic standardnega pekača za mafine z 12 skodelicami obložite s papirnatimi podlogami ali maslom in izdatno pomokajte.
k) Na pomokani površini stisnite testo v pravokotnik velikosti 10 x 5 palcev.
l) Testo razrežite na 10 enakih 1-palčnih x 5-palčnih trakov, nato pa vsak trak razrežite na 5 kosov, tako da dobite 50 kvadratov.
m) V vsako skodelico za mafine položite 5 kvadratov, pokrijte s plastično folijo in pustite vzhajati na toplem približno 1 uro in pol, da postane napihnjena in mehka.
n) Pečico segrejte na 350 ° F; pečemo 25 do 35 minut do zlato rjave barve.
o) Pustite, da se žemlje ohlajajo 5 do 10 minut na rešetki.
p) V majhni skledi zmešajte sladkor, začimbe in sol.
q) Vrh žemljic premažite s stopljenim maslom in povaljajte v mešanici sladkorja, da se enakomerno prekrije.

18. Brioš s cimetovim sladkorjem

SESTAVINE:
- 3 1/4 skodelice večnamenske moke
- 1/4 skodelice granuliranega sladkorja
- 1 čajna žlička soli
- 1 paket aktivnega suhega kvasa
- 1/2 skodelice toplega mleka
- 3 velika jajca
- 1 skodelica nesoljenega masla, zmehčanega
- 1/2 skodelice rjavega sladkorja
- 2 žlici mletega cimeta

NAVODILA:
a) V posodi zmešamo toplo mleko in kvas. Pustite stati 5 minut, dokler se ne speni.
b) V veliki skledi zmešajte moko, granulirani sladkor in sol. Dodajte mešanico kvasa in jajca, gnetite do gladkega.
c) Dodamo zmehčano maslo in gnetemo, dokler testo ni elastično.
d) Pokrijte in pustite vzhajati, dokler se ne podvoji.
e) Testo razvaljamo, potresemo z rjavim sladkorjem in cimetom, nato pa ga zvijemo v poleno.
f) Narežemo na porcije, položimo v pomaščen pekač in pustimo še enkrat vzhajati.
g) Pečemo pri 350°F (175°C) 25-30 minut.

19. Brioš zvitki z muškatnimi rozinami

SESTAVINE:
- 4 skodelice moke za kruh
- 1/4 skodelice sladkorja
- 1 čajna žlička soli
- 1 paket instant kvasa
- 1 skodelica toplega mleka
- 3 velika jajca
- 1/2 skodelice nesoljenega masla
- 1/2 skodelice rozin
- 1 čajna žlička mletega muškatnega oreščka

NAVODILA:
a) V skledi zmešajte moko, sladkor in sol.
b) Zmešamo toplo mleko, kvas in pustimo stati 10 minut.
c) Mešanici moke dodamo jajca, zmehčano maslo, muškatni orešček in rozine.
d) Zgnetemo do gladkega, pustimo vzhajati, da se podvoji.
e) Oblikujemo svaljke, ki jih položimo na pekač in pustimo še enkrat vzhajati.
f) Pečemo pri 375°F (190°C) 20-25 minut.

20. Kardamom Orange Twist Brioche

SESTAVINE:
- 3 1/2 skodelice večnamenske moke
- 1/4 skodelice sladkorja
- 1 čajna žlička soli
- 1 paket aktivnega suhega kvasa
- 1 skodelica toplega mleka
- 3 velika jajca
- 1/2 skodelice nesoljenega masla
- Lupina 1 pomaranče
- 1 žlica mletega kardamoma

NAVODILA:
a) Zmešamo toplo mleko in kvas, pustimo, da se speni.
b) Zmešajte moko, sladkor in sol. Dodajte mešanico kvasa, jajca, maslo, kardamom in pomarančno lupinico. Gnetemo do gladkega.
c) Pustimo, da vzhaja, nato razdelimo in oblikujemo testo.
d) Vsak kos zvijemo in položimo v pomaščen pekač.
e) Pustite, da ponovno vzhaja, nato pa pecite 30 minut pri 350°F (175°C).

21.Medenjaki Brioche Loaf

SESTAVINE:
- 4 skodelice moke za kruh
- 1/3 skodelice rjavega sladkorja
- 1 čajna žlička soli
- 1 paket instant kvasa
- 1 skodelica toplega mleka
- 3 velika jajca
- 1/2 skodelice nesoljenega masla
- 1/4 skodelice melase
- 1 žlica mletega ingverja
- 1 čajna žlička mletega cimeta

NAVODILA:
a) Kvas raztopite v toplem mleku, pustite stati 5 minut.
b) Zmešajte moko, rjavi sladkor, sol, ingver in cimet.
c) Dodamo kvasno mešanico, jajca, zmehčano maslo in melaso. Gnetemo do gladkega.
d) Pustimo, da vzhaja, oblikujemo v hlebček in položimo v pomaščen pekač.
e) Pustite, da ponovno vzhaja, nato pa pecite pri 375 °F (190 °C) 35-40 minut.

22. Pumpkin Spice Brioche Knots

SESTAVINE:
- 3 1/2 skodelice večnamenske moke
- 1/4 skodelice sladkorja
- 1 čajna žlička soli
- 1 paket aktivnega suhega kvasa
- 1/2 skodelice toplega mleka
- 3 velika jajca
- 1/2 skodelice nesoljenega masla, zmehčanega
- 1/2 skodelice bučnega pireja
- 1 čajna žlička mletega cimeta
- 1/2 čajne žličke mletega muškatnega oreščka

NAVODILA:
a) Zmešamo toplo mleko in kvas, pustimo vzhajati.
b) Zmešajte moko, sladkor, sol, cimet in muškatni oreščex.
c) Dodamo kvasno zmes, jajca, zmehčano maslo in bučni pire. Gnetemo do gladkega.
d) Pustimo vzhajati, oblikujemo vozle in položimo na pekač.
e) Pustite, da ponovno vzhaja, nato pa pecite pri 350°F (175°C) 25-30 minut.

23. Chai Spiced Brioche Swirls

SESTAVINE:
- 4 skodelice moke za kruh
- 1/4 skodelice sladkorja
- 1 čajna žlička soli
- 1 paket instant kvasa
- 1 skodelica toplega chai čaja (skuhanega in ohlajenega)
- 3 velika jajca
- 1/2 skodelice nesoljenega masla, stopljenega
- 1 žlica mletega cimeta
- 1/2 čajne žličke mletega kardamoma

NAVODILA:
a) Skuhajte chai čaj in pustite, da se ohladi. Zmešajte s kvasom in pustite stati 10 minut.
b) Zmešajte moko, sladkor, sol, cimet in kardamom.
c) Dodajte mešanico čaja, jajca in stopljeno maslo. Gnetemo do gladkega.
d) Pustimo, da vzhaja, razvaljamo in potresemo še s cimetom in kardamomom.
e) Zvijemo v poleno, narežemo na kolobarje, položimo v pekač in pustimo, da ponovno vzhaja.
f) Pečemo pri 375°F (190°C) 20-25 minut.

24. Brioche jabolčni mafini

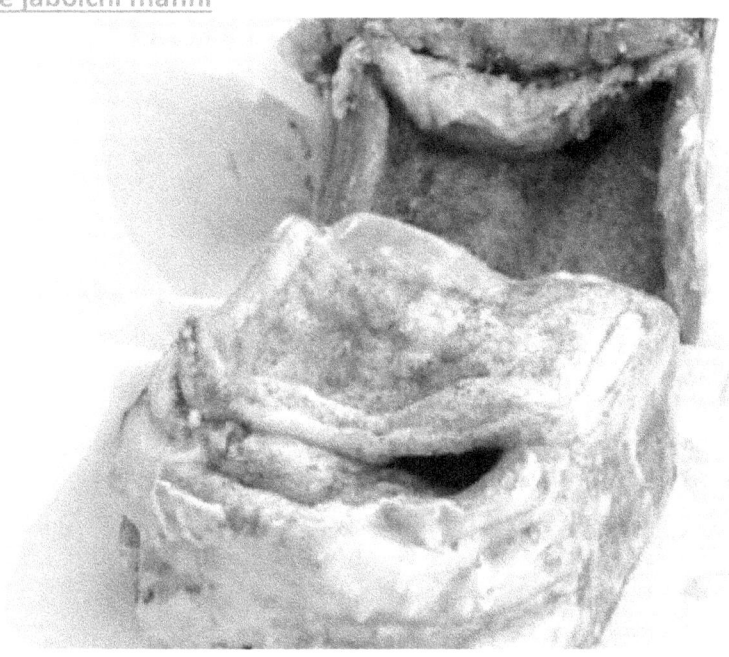

SESTAVINE:
- 3 1/4 skodelice večnamenske moke
- 1/4 skodelice sladkorja
- 1 čajna žlička soli
- 1 paket aktivnega suhega kvasa
- 1/2 skodelice toplega jabolčnega moštnika
- 3 velika jajca
- 1/2 skodelice nesoljenega masla, zmehčanega
- 2 skodelici narezanih jabolk (olupljenih)
- 1 čajna žlička mletega cimeta

NAVODILA:
a) Zmešamo topel jabolčnik in kvas, pustimo, da se speni.
b) Zmešajte moko, sladkor, sol in cimet.
c) Dodamo kvasno zmes, jajca, zmehčano maslo in na kocke narezana jabolka. Gnetemo do gladkega.
d) Pustite vzhajati, oblikujte mafine in jih položite v posodice za mafine.
e) Pustite, da ponovno vzhaja, nato pa pecite pri 350°F (175°C) 20-25 minut.

25. Vanilijev kardamom brioš venček

SESTAVINE:
- 4 skodelice moke za kruh
- 1/3 skodelice sladkorja
- 1 čajna žlička soli
- 1 paket instant kvasa
- 1 skodelica toplega mleka
- 3 velika jajca
- 1/2 skodelice nesoljenega masla, stopljenega
- 1 žlica vanilijevega ekstrakta
- 1 čajna žlička mletega kardamoma

NAVODILA:
a) Zmešajte toplo mleko in kvas, pustite stati 5 minut.
b) Zmešajte moko, sladkor, sol in kardamom.
c) Dodajte mešanico kvasa, jajca, stopljeno maslo in vanilijev ekstrakt. Gnetemo do gladkega.
d) Pustimo vzhajati, razvaljamo, oblikujemo v venec in položimo na pekač.
e) Pustite, da ponovno vzhaja, nato pa pecite pri 375 °F (190 °C) 30-35 minut.

REGIONALNI BRIOŠ

26. Klasični francoski brioš

SESTAVINE:
- ¼ skodelice polnomastnega mleka
- 2 žlički instant kvasa
- 4 velika jajca, razdeljena
- 2⅔ skodelice moke za kruh (ali moke T55)
- 3 žlice granuliranega sladkorja
- 2 žlički košer soli
- ⅔ skodelice nesoljenega masla pri sobni temperaturi (65 do 70 °F), plus več za mazanje

NAVODILA:
a) Naredite testo: V srednji skledi narahlo zmešajte mleko, kvas in 3 jajca. Dodamo moko, sladkor in sol ter mešamo, dokler ne nastane gosto testo. Testo zvrnemo na čisto mizo in ga gnetemo 6 do 8 minut (ali ga prestavimo v stoječi mešalnik in gnetemo 4 do 5 minut pri nizki hitrosti), dokler ni gladko.
b) Testo vrnite v skledo in vanj po malem ročno ali s kavljem za testo vmešajte maslo in nadaljujte z gnetenjem, dokler se maslo dobro ne vpije.
c) Pokrijte z brisačo in pustite 1 do 1½ ure na sobni temperaturi. Testo se mora podvojiti. (Ta čas se bo razlikoval glede na temperaturo vaše kuhinje.)

OBLIKOVATE IN PEČETE:
d) Skledo pred oblikovanjem za vsaj 2 uri postavimo v hladilnik. Bolj kot je testo hladno, lažje in manj lepljivo bo za delo.
e) Ko je testo hladno, ga s pomočjo namiznega strgala enakomerno razdelite na 6 enakih kosov, pri čemer uporabite tehtnico, če jo imate.
f) Vrh vsakega kosa rahlo potresemo z moko.
g) Nežno sploščite en kos testa, nato s konicami prstov potegnite robove testa v sredino in ga stisnite, da ga oblikujete v grob krog. Obrnite krog. Testo vzemite v roke in z oprijemom klopi zavrtite krog ob mizo, da zategnete šiv.
h) Po potrebi ga potresemo z moko, da se vam ne oprime rok. Delajte hitro, da preprečite prehitro segrevanje maščobe. Ponovite s preostalimi krogi.
i) Pekač namažite z maslom. Kroglice prenesite v pekač s šivi navzdol in jih poravnajte dva za drugim. Pokrijte z brisačo in

pustite stati 1½ do 2 uri, dokler ne pridobi teksturo marshmallowa in podvoji prostornino.
j) Po 1 uri vzhajanja segrejte pečico na 375°F.
k) Preostalo 1 jajce razžvrkljajte z brizganjem vode in to glazuro nežno premažite po štruci.
l) Pecite 30 do 35 minut, dokler štruca ni zlato rjava in termometer, vstavljen v sredino, zabeleži približno 200 °F.
m) Štruco takoj obrnite na rešetko za hlajenje, obrnite z desno stranjo navzgor in pustite stati 15 do 20 minut, preden jo narežete.

27. Merikanski brioš

SESTAVINE:
- ½ skodelice mleka
- ½ skodelice masla
- ⅓ skodelice sladkorja
- 1 čajna žlička soli
- 1 paket kvasa
- ¼ skodelice tople vode
- 1 jajce; ločeni
- 3 cela jajca; pretepen
- 3¼ skodelice moke; presejan

NAVODILA:
a) Mleko poparite in ohladite do mlačnega.
b) Maslo stepemo, postopoma dodajamo sladkor. Dodamo sol.
c) V vodi zmehčamo kvas.
d) Zmešajte mleko, smetano in kvas. Dodamo rumenjak, cela jajca in moko ter stepamo z leseno kuhalnico 2 minuti.
e) Pokrijte in pustite vzhajati na toplem, dokler se masa več kot ne podvoji, približno 2 uri ali manj.
f) Premešajte in temeljito stepite. Tesno pokrijte s folijo in čez noč postavite v hladilnik.
g) Pečico segrejte na vročo (425F); postavite stojalo blizu dna.
h) Testo premešamo in zvrnemo na pomokano desko. Odrežemo malo manj kot eno četrtino testa in ga rezerviramo.
i) Preostalo testo razrežemo na 16 kosov in oblikujemo enako velike kroglice.
j) Položite v dobro pomaščen pekač za mafine (globoko 2 /¾ x 1¼ palca).
k) Manjši kos testa razrežemo na 16 kosov in oblikujemo gladke kroglice. Prst rahlo navlažite in v vsako veliko kroglico naredite vdolbino. V vsako vdolbino položite majhno kroglico. Pokrijte in pustite vzhajati na toplem, dokler se ne podvoji, približno 1 uro.
l) Preostali beljak stepemo z žličko sladkorja. Premažite brioš. Pečemo do rjave barve oziroma 15 - 20 minut.

28. Švicarski čokoladni brioš

SESTAVINE:
ZA TESTO ZA BRIOŠE:
- 3 1/4 skodelice večnamenske moke
- 1/4 skodelice granuliranega sladkorja
- 1 1/4 čajne žličke aktivnega suhega kvasa
- 1/2 skodelice toplega mleka
- 3 velika jajca
- 1 čajna žlička soli
- 1 skodelica nesoljenega masla, zmehčanega

ZA POLNJENJE:
- 1 do 1 1/2 skodelice švicarskih čokoladnih čipov

ZA PRANJE JAJC:
- 1 jajce, pretepeno

NAVODILA:
AKTIVIRAJTE KVAS:
a) V majhni skledi zmešajte toplo mleko in ščepec sladkorja. Kvas potresemo po mleku in pustimo stati 5-10 minut, da se speni.

PRIPRAVITE TESTO:
b) V veliki skledi za mešanje zmešajte moko, sladkor in sol. V sredino naredimo vdolbinico in dodamo mešanico aktiviranega kvasa in stepena jajca. Mešajte, dokler ne nastane lepljivo testo.

c) Postopoma dodajajte zmehčano maslo, eno žlico naenkrat, med dodajanjem dobro premešajte. Testo gnetemo na pomokani površini približno 10-15 minut, dokler ne postane gladko in elastično.

PRVI VZPON:
d) Testo damo v rahlo naoljeno skledo, pokrijemo s plastično folijo ali vlažno krpo in pustimo vzhajati na toplem 1-2 uri oziroma dokler se ne podvoji.

DODAJTE ČOKOLADNE KOŠČKE:
e) Vzhajano testo nežno preluknjajte in vmešajte koščke švicarske čokolade, da se enakomerno porazdelijo.

f) Testo razdelite na enake dele in jih oblikujte v želeno obliko – štruco, svaljke ali katerokoli drugo obliko po želji.

DRUGI VZPON:

g) Oblikovano testo položimo na pekač, obložen s peki papirjem. Pokrijemo in ponovno pustimo vzhajati približno 1 uro.
h) Pečico segrejte na 350 °F (180 °C). Vzhajane brioše namažite s stepenim jajcem, da se lesketajo.

PEČEMO:

i) Pecite v predhodno ogreti pečici 25-30 minut oziroma toliko časa, da brioš postane zlato rjave barve in ob udarjanju po dnu zazveni votlo.
j) Pustite, da se švicarski čokoladni brioš ohladi na rešetki, preden ga narežete in postrežete.

29. Provansalski brioš z limono in sivko

SESTAVINE:
ZA TESTO ZA BRIOŠE:
- 3 1/4 skodelice večnamenske moke
- 1/4 skodelice granuliranega sladkorja
- 1 1/4 čajne žličke aktivnega suhega kvasa
- 1/2 skodelice toplega mleka
- 3 velika jajca
- 1 čajna žlička soli
- 1 skodelica nesoljenega masla, zmehčanega

ZA AROMO:
- Lupina 2 limon
- 1 žlica posušene kulinarične sivke (prepričajte se, da je primerna za živila)

ZA PRANJE JAJC:
- 1 jajce, pretepeno

IZBIRNA GLAZURA:
- 1 skodelica sladkorja v prahu
- 2 žlici limoninega soka
- 1 čajna žlička posušene kulinarične sivke (neobvezno, za okras)

NAVODILA:
AKTIVIRAJTE KVAS:
a) V majhni posodi zmešajte toplo mleko in ščepec sladkorja. Kvas potresemo po mleku in pustimo stati 5-10 minut, da se speni.

PRIPRAVITE TESTO:
b) V veliki skledi za mešanje zmešajte moko, sladkor, sol, limonino lupinico in posušeno sivko. V sredino naredimo vdolbinico in dodamo mešanico aktiviranega kvasa in stepena jajca. Mešajte, dokler ne nastane lepljivo testo.

c) Postopoma dodajajte zmehčano maslo, eno žlico naenkrat, med dodajanjem dobro premešajte. Testo gnetemo na pomokani površini približno 10-15 minut, dokler ne postane gladko in elastično.

PRVI VZPON:
d) Testo damo v rahlo naoljeno skledo, pokrijemo s plastično folijo ali vlažno krpo in pustimo vzhajati na toplem 1-2 uri oziroma dokler se ne podvoji.

OBLIKA IN DRUGI VZGOJ:
e) Vzhajano testo preluknjamo in oblikujemo v želeno obliko – štruco, svaljke ali drugo obliko. Oblikovano testo položimo na pekač, obložen s peki papirjem. Pokrijemo in ponovno pustimo vzhajati približno 1 uro.
f) Pečico segrejte na 350 °F (180 °C). Vzhajane brioše namažite s stepenim jajcem, da se lesketajo.

PEČEMO:
g) Pecite v predhodno ogreti pečici 25-30 minut oziroma toliko časa, da brioš postane zlato rjave barve in ob udarjanju po dnu zazveni votlo.
h) Po želji zmešajte sladkor v prahu in limonin sok, da dobite glazuro. Pokapljamo ga po ohlajenem briošu in za okras potresemo s posušeno sivko.
i) Pustite, da se provansalski brioš z limono in sivko ohladi na rešetki, preden ga narežete in postrežete.

30.Južni brioš s cimetom in pekanom

SESTAVINE:
ZA TESTO ZA BRIOŠE:
- 3 1/4 skodelice večnamenske moke
- 1/4 skodelice granuliranega sladkorja
- 1 1/4 čajne žličke aktivnega suhega kvasa
- 1/2 skodelice toplega mleka
- 3 velika jajca
- 1 čajna žlička soli
- 1 skodelica nesoljenega masla, zmehčanega

ZA NADEV CIMET-PEKAN:
- 1/2 skodelice nesoljenega masla, zmehčanega
- 1 skodelica rjavega sladkorja, pakirano
- 2 žlici mletega cimeta
- 1 skodelica sesekljanih pekanov

ZA PRANJE JAJC:
- 1 jajce, pretepeno

NAVODILA:
AKTIVIRAJTE KVAS:
a) V majhni skledi zmešajte toplo mleko in ščepec sladkorja. Kvas potresemo po mleku in pustimo stati 5-10 minut, da se speni.

PRIPRAVITE TESTO:
b) V veliki skledi za mešanje zmešajte moko, sladkor in sol. V sredino naredimo vdolbinico in dodamo mešanico aktiviranega kvasa in stepena jajca. Mešajte, dokler ne nastane lepljivo testo.

c) Postopoma dodajajte zmehčano maslo, eno žlico naenkrat, med dodajanjem dobro premešajte. Testo gnetemo na pomokani površini približno 10-15 minut, dokler ne postane gladko in elastično.

PRVI VZPON:
d) Testo damo v rahlo naoljeno skledo, pokrijemo s plastično folijo ali vlažno krpo in pustimo vzhajati na toplem 1-2 uri oziroma dokler se ne podvoji.

PRIPRAVITE NADEV:
e) V srednji skledi zmešajte zmehčano maslo, rjavi sladkor, mleti cimet in sesekljane orehe pekane, da ustvarite nadev.

f) Vzhajano testo preluknjamo in ga na pomokani površini razvaljamo v velik pravokotnik. Nadev iz cimeta in pekana enakomerno razporedite po testu.
g) Testo tesno zvijte z ene dolge strani, da oblikujete poleno. Poleno narežemo na enako velike žemlje ali rezine.

DRUGI VZPON:
h) Narezane žemlje položimo na pekač, obložen s peki papirjem. Pokrijte in jih pustite vzhajati še približno 1 uro.
i) Pečico segrejte na 350 °F (180 °C). Vzhajane žemljice premažite s stepenim jajcem, da se lesketajo.

PEČEMO:
j) Pečemo v predhodno ogreti pečici 20-25 minut oziroma toliko časa, da so žemlje zlato rjave barve.
k) Pustite, da se južni brioš s cimetom in pekanom ohladi na rešetki, preden ga postrežete.

31. Skandinavski kardamom-pomarančni brioš

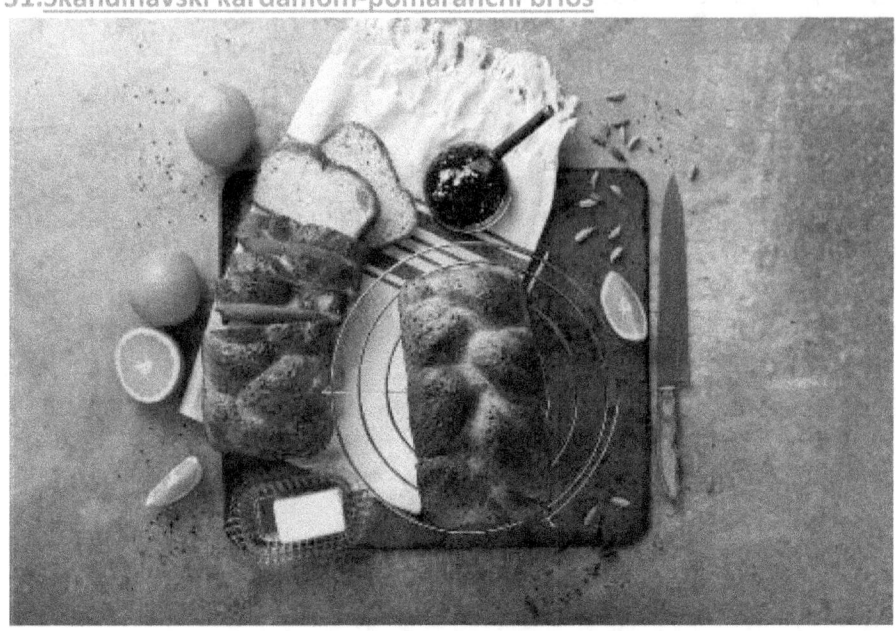

SESTAVINE:
ZA TESTO ZA BRIOŠE:
- 3 1/4 skodelice večnamenske moke
- 1/4 skodelice granuliranega sladkorja
- 1 1/4 čajne žličke aktivnega suhega kvasa
- 1/2 skodelice toplega mleka
- 3 velika jajca
- 1 čajna žlička soli
- 1 skodelica nesoljenega masla, zmehčanega

ZA KARDAMOM-POMARANČNI NADEV:
- Lupina 2 pomaranč
- 1 do 2 žlici mletega kardamoma (prilagodite okusu)
- 1/2 skodelice granuliranega sladkorja
- 1/4 skodelice nesoljenega masla, zmehčanega

ZA PRANJE JAJC:
- 1 jajce, pretepeno

IZBIRNA GLAZURA:
- 1 skodelica sladkorja v prahu
- 2 žlici pomarančnega soka
- Pomarančna lupina za okras

NAVODILA:
AKTIVIRAJTE KVAS:
a) V majhni skledi zmešajte toplo mleko in ščepec sladkorja. Kvas potresemo po mleku in pustimo stati 5-10 minut, da se speni.

PRIPRAVITE TESTO:
b) V veliki skledi za mešanje zmešajte moko, sladkor, sol, pomarančno lupinico in mleti kardamom. V sredino naredimo vdolbinico in dodamo mešanico aktiviranega kvasa in stepena jajca. Mešajte, dokler ne nastane lepljivo testo.

c) Postopoma dodajajte zmehčano maslo, eno žlico naenkrat, med dodajanjem dobro premešajte. Testo gnetemo na pomokani površini približno 10-15 minut, dokler ne postane gladko in elastično.

PRVI VZPON:
d) Testo damo v rahlo naoljeno skledo, pokrijemo s plastično folijo ali vlažno krpo in pustimo vzhajati na toplem 1-2 uri oziroma dokler se ne podvoji.

PRIPRAVITE NADEV:
e) V majhni skledi zmešajte pomarančno lupinico, mleti kardamom, sladkor in zmehčano maslo, da ustvarite nadev.
f) Vzhajano testo preluknjamo in ga na pomokani površini razvaljamo v velik pravokotnik. Kardamom-pomarančni nadev enakomerno porazdelite po testu.
g) Testo tesno zvijte z ene dolge strani, da oblikujete poleno. Poleno narežemo na enako velike žemlje ali rezine.

DRUGI VZPON:
h) Narezane žemlje položimo na pekač, obložen s peki papirjem. Pokrijte in jih pustite vzhajati še približno 1 uro.
i) Pečico segrejte na 350 °F (180 °C). Vzhajane žemljice premažite s stepenim jajcem, da se lesketajo.

PEČEMO:
j) Pečemo v predhodno ogreti pečici 20-25 minut oziroma toliko časa, da so žemlje zlato rjave barve.
k) Po želji zmešajte sladkor v prahu in pomarančni sok, da dobite glazuro. Pokapljamo ga po ohlajenem briošu in za okras potresemo s pomarančno lupinico.
l) Pustite, da se skandinavski brioš s kardamomom in pomarančo ohladi na rešetki, preden ga postrežete.

32. Alzaški brioš Kugelhopf

SESTAVINE:
- 3 1/2 skodelice večnamenske moke
- 1/4 skodelice sladkorja
- 1 čajna žlička soli
- 1 paket aktivnega suhega kvasa
- 1/2 skodelice toplega mleka
- 3 velika jajca
- 1/2 skodelice nesoljenega masla, zmehčanega
- 1/2 skodelice rozin
- 1/4 skodelice sesekljanih mandljev
- 1 čajna žlička mandljevega ekstrakta

NAVODILA:
a) Zmešamo toplo mleko in kvas, pustimo vzhajati.
b) Zmešajte moko, sladkor in sol. Dodamo kvasno mešanico, jajca in zmehčano maslo. Gnetemo do gladkega.
c) Dodajte rozine, mandlje in mandljev ekstrakt.
d) Pustite vzhajati, oblikujte v tradicionalni model Kugelhopf in pustite, da ponovno vzhaja.
e) Pečemo pri 350°F (175°C) 35-40 minut.

33.Provansalski Fougasse Brioche

SESTAVINE:
- 3 1/4 skodelice moke za kruh
- 1/4 skodelice sladkorja
- 1 čajna žlička soli
- 1 paket instant kvasa
- 1/2 skodelice tople vode
- 3 velika jajca
- 1/2 skodelice olivnega olja
- 1/4 skodelice sesekljanih črnih oliv
- 1 žlica sesekljanega svežega rožmarina

NAVODILA:
a) Kvas raztopite v topli vodi, pustite stati 5 minut.
b) Zmešajte moko, sladkor in sol. Dodamo mešanico kvasa, jajca in olivno olje. Gnetemo do gladkega.
c) Dodamo narezane olive in rožmarin.
d) Pustimo vzhajati, oblikujemo v vzorec Fougasse in pustimo, da ponovno vzhaja.
e) Pečemo pri 375°F (190°C) 25-30 minut.

34. Švedski žafranov brioš Lussekatter

SESTAVINE:
- 4 skodelice večnamenske moke
- 1/2 skodelice sladkorja
- 1 čajna žlička soli
- 1 paket aktivnega suhega kvasa
- 1 skodelica toplega mleka
- 3 velika jajca
- 1/2 skodelice nesoljenega masla, stopljenega
- 1/2 žličke žafranove niti (namočene v toplem mleku)
- Rozine za okras

NAVODILA:
a) Zmešamo toplo mleko in kvas, pustimo, da se speni.
b) Zmešajte moko, sladkor in sol. Dodajte mešanico kvasa, jajca, stopljeno maslo in mleko z žafranom. Gnetemo do gladkega.
c) Pustimo vzhajati, oblikujemo svaljke v obliki črke S (Lussekatter) in nanje položimo rozine.
d) Pustite, da ponovno vzhaja, nato pa pecite pri 375 °F (190 °C) 20-25 minut.

35.Italijanski Panettone Brioche

SESTAVINE:
- 3 1/2 skodelice moke za kruh
- 1/2 skodelice sladkorja
- 1 čajna žlička soli
- 1 paket instant kvasa
- 1/2 skodelice toplega mleka
- 3 velika jajca
- 1/2 skodelice nesoljenega masla, zmehčanega
- 1/2 skodelice kandirane pomarančne lupinice
- 1/2 skodelice rozin
- 1 čajna žlička vanilijevega ekstrakta

NAVODILA:
a) Kvas raztopite v toplem mleku, pustite stati 5 minut.
b) Zmešajte moko, sladkor in sol. Dodamo kvasno mešanico, jajca, zmehčano maslo in vanilijev ekstrakt. Gnetemo do gladkega.
c) Dodamo kandirano pomarančno lupinico in rozine.
d) Pustimo vzhajati, oblikujemo okrogel panettone in pustimo, da ponovno vzhaja.
e) Pečemo pri 350°F (175°C) 45-50 minut.

36.Japonski Matcha Melonpan Brioche

SESTAVINE:
- 3 1/2 skodelice moke za kruh
- 1/4 skodelice sladkorja
- 1 čajna žlička soli
- 1 paket instant kvasa
- 1/2 skodelice toplega mleka
- 3 velika jajca
- 1/2 skodelice nesoljenega masla, zmehčanega
- 2 žlici matcha prahu
- Preliv za melono (piškotno testo)

NAVODILA:
a) Kvas raztopite v toplem mleku, pustite stati 5 minut.
b) Zmešajte moko, sladkor, sol in matcha prah. Dodamo kvasno mešanico, jajca in zmehčano maslo. Gnetemo do gladkega.
c) Pustimo vzhajati, razdelimo na porcije in oblikujemo s prelivom iz melone.
d) Pustite, da ponovno vzhaja, nato pa pecite pri 375 °F (190 °C) 20-25 minut.

37. Maroški brioš iz cvetov pomarančevca

SESTAVINE:
- 3 1/4 skodelice večnamenske moke
- 1/4 skodelice sladkorja
- 1 čajna žlička soli
- 1 paket aktivnega suhega kvasa
- 1/2 skodelice tople vode
- 3 velika jajca
- 1/2 skodelice nesoljenega masla, stopljenega
- Lupina 2 pomaranč
- 2 žlici vode pomarančnih cvetov

NAVODILA:
a) Zmešajte toplo vodo in kvas, pustite vzhajati.
b) Zmešajte moko, sladkor in sol. Dodamo mešanico kvasa, jajca, stopljeno maslo, pomarančno lupinico in vodo pomarančnih cvetov. Gnetemo do gladkega.
c) Pustimo vzhajati, oblikujemo hlebček in ponovno pustimo vzhajati.
d) Pečemo pri 350°F (175°C) 30-35 minut.

38.Indijski brioš s kardamomom in žafranom

SESTAVINE:
- 4 skodelice moke za kruh
- 1/3 skodelice sladkorja
- 1 čajna žlička soli
- 1 paket instant kvasa
- 1 skodelica toplega mleka
- 3 velika jajca
- 1/2 skodelice nesoljenega masla, zmehčanega
- 1 žlica mletega kardamoma
- 1/2 žličke žafranove niti (namočene v toplem mleku)

NAVODILA:
a) Kvas raztopite v toplem mleku, pustite stati 5 minut.
b) Zmešajte moko, sladkor, sol in mleti kardamom. Dodamo mešanico kvasa, jajca, zmehčano maslo in mleko z žafranom. Gnetemo do gladkega.
c) Pustimo vzhajati, oblikujemo pleteno štruco in ponovno pustimo vzhajati.
d) Pečemo pri 375°F (190°C) 25-30 minut.

39. Mehiški čokoladni brioš s cimetom

SESTAVINE:
- 3 1/2 skodelice večnamenske moke
- 1/4 skodelice sladkorja
- 1 čajna žlička soli
- 1 paket aktivnega suhega kvasa
- 1/2 skodelice toplega mleka
- 3 velika jajca
- 1/2 skodelice nesoljenega masla, stopljenega
- 1/4 skodelice kakava v prahu
- 1 žlica mletega cimeta
- 1/2 skodelice čokoladnih koščkov

NAVODILA:
a) Zmešamo toplo mleko in kvas, pustimo, da se speni.
b) Zmešajte moko, sladkor, sol, kakav v prahu in mleti cimet. Dodajte mešanico kvasa, jajca, stopljeno maslo in koščke čokolade. Gnetemo do gladkega.
c) Pustimo vzhajati, oblikujemo posamezne svaljke in ponovno pustimo vzhajati.
d) Pečemo pri 350°F (175°C) 20-25 minut.

SADNI BRIOŠ

40. Brioš s sadjem in orehi

SESTAVINE:
- 1 žlica svežega kvasa
- 150 ml mlačnega mleka
- 250 gramov moke
- 4 stepena jajca
- 1 ščepec soli
- 4 žlice sladkorja
- ½ skodelice mandljev
- ½ skodelice lešnikov
- ¼ skodelice rozin ali sultanin
- ⅓ skodelice ribeza
- ⅓ skodelice posušenih marelic, narezanih
- Nekaj glace češenj
- 170 gramov masla, zmehčanega, vendar ne stopljenega

NAVODILA:
a) Pečico segrejte na 170C. V mleku raztopimo kvas. Dodamo moko, jajca, sol, sladkor, orehe in sadje.
b) Dobro stepemo. pokrijte in pustite vzhajati na toplem, dokler se masa ne podvoji.
c) Preluknjajte, dodajte maslo in dobro stepite, pazite, da ni maslenih grudic. Vlijemo v dobro namaščen pekač (zmes naj zapolni model do polovice). Ponovno pustite vzhajati, da je pekač poln do ¾.
d) Pečemo na 170 C, dokler nabodalo ne pride ven čisto - približno 20-25 minut.
e) Pred rezanjem ohladite.

41. Brioche žemljice s kremo z izkoščičenim sadjem in baziliko

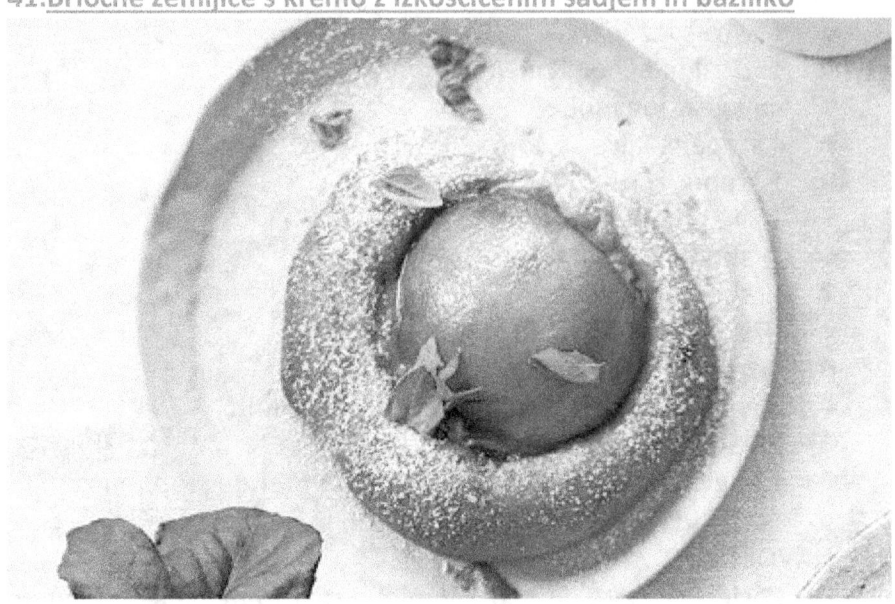

SESTAVINE:
- 250 g navadne moke (za brioš)
- 1 žlička fine soli (za brioš)
- 30 g sladkorja (za brioš) + 60 g (za kremno patissière)
- 7 g suhega kvasa (hitrodelujoči/hitri kvas) (za brioš)
- 3 jajca (za brioš) + 3 rumenjaki (za kremšnito) + 1 jajce
- 180 g neslanega masla, zmehčanega (za brioš)
- 1 skodelica olja (za mazanje)
- 250 ml polnomastnega mleka (za kremno patissière)
- ½ žličke paste iz stroka vanilije ali ½ vaniljevega stroka, prepolovljenega in postrganega (za kremno pašteto)
- 20 g koruzne moke (za kremno patissière)
- 4 zreli izkoščičeni sadeži, prepolovljeni in razkoščičeni (za sestavljanje)
- 2 žlici demerara sladkorja (za sestavljanje)
- ½ šopka bazilike, samo lističi, napol natrgani (za sestavljanje)
- 1 skodelica sladkorja v prahu (za prah)

NAVODILA:
PRIPRAVA TESTA ZA BRIOŠE
a) S samostoječim mešalnikom s kavljem za testo pri nizki hitrosti zmešajte moko, sol in sladkor.
b) Dodamo kvas, dobro premešamo, nato dodamo jajca in mešamo na srednji temperaturi 10 minut, dokler ne nastane ohlapno testo.
c) Testo pustimo stati 5 minut.
d) Dodamo zmehčano maslo in mešamo približno 10 minut na srednji temperaturi, pri čemer pogosto strgamo po stenah posode.
e) Nekoliko povečajte hitrost in nadaljujte z mešanjem približno 15 minut, dokler testo ne postane elastično.
f) Testo zajamemo na rahlo naoljeno površino, oblikujemo v kroglo in prestavimo v večjo, rahlo naoljeno posodo.
g) Pokrijemo in pustimo vzhajati na sobni temperaturi 1 uro. Rahlo potisnite navzdol, da odstranite zrak, nato pokrijte in čez noč postavite v hladilnik.

PRIPRAVA CRÈME PÂTISSIÈRE

h) V kozici segrejemo mleko s polovico sladkorja in vanilijo.
i) Rumenjake penasto umešamo, dodamo preostali sladkor in presejemo koruzno moko; zmešajte skupaj.
j) Jajčno zmes med nenehnim mešanjem prelijemo z vrelim mlekom.
k) Na srednjem ognju med mešanjem kuhajte 4-5 minut, dokler se ne zgosti. Kuhamo še nekaj minut, nato odstavimo z ognja.
l) Prestavimo v toplotno odporno skledo, pokrijemo s prozorno folijo in pustimo, da se popolnoma ohladi.

SESTAVLJANJE IZ KOŠČIČANEGA SADJA IN BAZILIKE

m) Pečico segrejte na 200°C/180°C ventilator/plin 6.
n) Izkoščičeno sadje potresemo s sladkorjem in natrganimi lističi bazilike.

PEKA

o) 2 pekača obložimo s papirjem.
p) Testo nežno pregnetite, razdelite na 7, oblikujte kroglice in jih razporedite po pladnjih ter rahlo pritisnite v diske.
q) Na sredino vsakega z žlico vmešajte 1 žlico kreme in na vrh položite polovico izkoščičenega sadja s prerezano stranjo navzdol.
r) Testo premažite s stepenim jajcem in pecite 17-20 minut, dokler ne postane zlato rjave barve.
s) Pustite, da se nekoliko ohladi, olupite in zavrzite očiščene sadne lupine ter zaključite z lističi bazilike in posipom sladkorja v prahu.

42.Čokoladne brioše s pasijonko

SESTAVINE:
BRIOŠ:
- 250 g močne moke za beli kruh
- 1/2 žličke fine morske soli
- 1 žlička hitrodelujočega posušenega kvasa
- 20 g sladkorja v prahu
- Lupina 1 limone
- 125 ml polnomastnega mleka
- 1 veliko jajce + 1 za pranje jajc
- 50 g nesoljenega masla sobne temperature

KREMA IZ PASIJONKE:
- 225 ml pireja iz pasijonke
- 75 g sladkorja v prahu
- 20 g koruzne moke
- 3 veliki rumenjaki
- Ščepec fine morske soli
- 20 g nesoljenega masla
- 100 ml dvojne smetane
- 1 žlička paste iz stroka vanilije

ČOKOLADNA GLAZURA:
- 50 g mlečne čokolade (približno 50 % kakavovih delcev)
- 50 ml dvojne smetane
- 15 ml pireja iz pasijonke

NAVODILA:
PRIPRAVA BRIOŠA:
a) V majhni ponvi za maslo na zmernem ognju kuhajte 20 g moke in 80 ml mleka, dokler ne nastane gosta pasta. Dati na stran.
b) V stoječem mešalniku zmešajte preostalo moko, sol, kvas, sladkor, limonino lupinico, preostalo mleko, jajce in mešanico kuhane moke.
c) Mešajte pri nizki hitrosti, dokler ne nastane kosmato testo. Nadaljujte z mešanjem 10-15 minut, dokler testo ni elastično.
d) Postopoma dodajajte maslo in mešajte, dokler ni popolnoma vmešano in testo ni gladko.
e) Oblikujte kroglo, položite v skledo, pokrijte s folijo za živila in čez noč postavite v hladilnik.

KREMA IZ PASIJONKE:
f) V kozici segrevajte pasijonkin pire s polovico sladkorja, da zavre.
g) V ločeni skledi zmešamo preostali sladkor in koruzno moko. Dodamo rumenjake in sol ter mešamo do gladkega.
h) Vreči pire prelijemo z mešanico rumenjakov in mešamo, da se ne zmeša. Vrnite se v ponev in kuhajte, dokler se ne zgosti.
i) Dodamo maslo, mešamo, dokler se ne združi, pokrijemo s folijo za živila in ohladimo.

SESTAVLJANJE ŽEMLJICE:
j) Na dan peke testo za brioše razdelite na 8 kosov in na pekaču, obloženem s pergamentom, oblikujte žemljice. Dokaz do podvojitve.
k) Pečico segrejte na 200ºC (180ºC ventilator). Žemljice premažite z jajčno pasto in pecite 15-20 minut, dokler niso zlato rjave. Kul.
l) Ohlajeno slaščičarsko kremo stepemo do gladkega. V ločeni skledi stepite smetano in vanilijo do mehkih vrhov. Združite s kremo.
m) S pomočjo cevne vrečke napolnite vsako žemljico s kremo, dokler ni rahlo težka.
n) Za glazuro stopimo čokolado in smetano, vmešamo pasijonkin pire. Žemlje pomočite v ganache in pustite, da se strdi.
o) Po želji okrasite z naribano čokolado, kakavom v prahu ali zmrznjeno posušeno pasijonko v prahu.
p) Pokrite žemljice lahko hranimo 2-3 dni. Uživajte v božanski kombinaciji čokolade in pasijonke!

43. Venček iz kandiranega sadja in orehovega brioša

SESTAVINE:
- 450 g močne moke za beli kruh
- 1 žlička morske soli
- 7 g vrečke posušenega kvasa
- 50 g sladkorja v prahu
- 100 ml polnomastnega mleka
- 5 srednjih jajc
- 190 g masla, narezanega in zmehčanega
- 50 g mešane lupine
- 7 g sesekljanih orehov
- 125 g figove marmelade
- 25 g sesekljanih orehov (za posipanje)

NAVODILA:
PRIPRAVA TESTA
a) V skledo mešalnika hrane, opremljenega s kavljem za testo, dajte moko.
b) Na eno stran dodamo sol, na drugo pa kvas in sladkor. Vse skupaj premešamo s kljuko za testo.
c) Segrejte mleko, dokler ni vroče, vendar ne prevroče, in ga dodajte v mešanico moke z mešalnikom, ki deluje na srednji stopnji.
d) Dodajte 4 jajca, eno za drugim, in po vsakem dodajanju dobro premešajte. Mešajte 10 minut.
e) Postopoma dodajajte zmehčano maslo, nekaj kock naenkrat, dokler se ne združi in testo postane zelo mehko (približno 5 minut).
f) Postrgajte po straneh in dodajte mešano lupino in sesekljane orehe, dokler niso enakomerno porazdeljeni.
g) Skledo pokrijte s folijo za živila in pustite vzhajati na toplem 1½-2 uri, da se podvoji, nato pa za 1 uro postavite v hladilnik.

MONTAŽA
h) Velik pekač obložimo s peki papirjem.
i) Testo razdelite na 8 enakih delov in razvaljajte v kroglice.
j) Kroglice položite v krog na pladenj z 1-2 cm razmika med vsako kroglico.
k) Pokrijemo s folijo za živila in pustimo vzhajati 30 minut, da se podvoji in se kroglice samo še povežejo.

PEKA
l) Pečico segrejte na 180oC (plinska oznaka 4).
m) Brioš rahlo namažite s preostalim stepenim jajcem.
n) Preostale orehe drobno sesekljajte in jih potresite po briošu.
o) Pečemo 15-20 minut do zlate barve.
p) Pustite, da se nekoliko ohladi in figovo marmelado postrezite v skledi na sredini venčka.

44. Borovničev brioš z limono

SESTAVINE:
- 3 1/2 skodelice večnamenske moke
- 1/4 skodelice sladkorja
- 1 čajna žlička soli
- 1 paket aktivnega suhega kvasa
- 1/2 skodelice toplega mleka
- 3 velika jajca
- 1/2 skodelice nesoljenega masla, zmehčanega
- Lupina 1 limone
- 1 skodelica svežih ali zamrznjenih borovnic

NAVODILA:
a) Zmešamo toplo mleko in kvas, pustimo vzhajati.
b) Zmešajte moko, sladkor, sol in limonino lupinico. Dodamo kvasno mešanico, jajca in zmehčano maslo. Gnetemo do gladkega.
c) Nežno vmešajte borovnice.
d) Pustimo vzhajati, oblikujemo hlebček ali svaljke in pustimo, da še enkrat vzhaja.
e) Pečemo pri 375°F (190°C) 25-30 minut.

45.Brioš z malinami in mandlji

SESTAVINE:
- 4 skodelice moke za kruh
- 1/4 skodelice sladkorja
- 1 čajna žlička soli
- 1 paket instant kvasa
- 1 skodelica toplega mleka
- 3 velika jajca
- 1/2 skodelice nesoljenega masla, stopljenega
- 1 skodelica svežih ali zamrznjenih malin
- 1/2 skodelice mandljevih rezin

NAVODILA:
a) Kvas raztopite v toplem mleku, pustite stati 5 minut.
b) Zmešajte moko, sladkor in sol. Dodamo mešanico kvasa, jajca in stopljeno maslo. Gnetemo do gladkega.
c) Nežno zložite maline in rezine mandljev.
d) Pustimo vzhajati, narežemo na porcije in položimo v pekač.
e) Pustite, da ponovno vzhaja, nato pa pecite pri 350°F (175°C) 20-25 minut.

46. Peach Vanilla Brioche Twist

SESTAVINE:
- 3 1/4 skodelice večnamenske moke
- 1/4 skodelice sladkorja
- 1 čajna žlička soli
- 1 paket aktivnega suhega kvasa
- 1/2 skodelice toplega mleka
- 3 velika jajca
- 1/2 skodelice nesoljenega masla, zmehčanega
- 2 zreli breskvi, narezani na kocke
- 1 žlica vanilijevega ekstrakta

NAVODILA:
a) Zmešamo toplo mleko in kvas, pustimo, da se speni.
b) Zmešajte moko, sladkor in sol. Dodamo kvasno mešanico, jajca, zmehčano maslo, na kocke narezane breskve in vanilijev ekstrakt. Gnetemo do gladkega.
c) Pustimo vzhajati, razdelimo na dva dela in ju zvijemo skupaj.
d) Položite v pomaščen pekač, pustite, da ponovno vzhaja, in nato pecite pri 375 °F (190 °C) 30-35 minut.

47.Brioche pletenica z jagodnim kremnim sirom

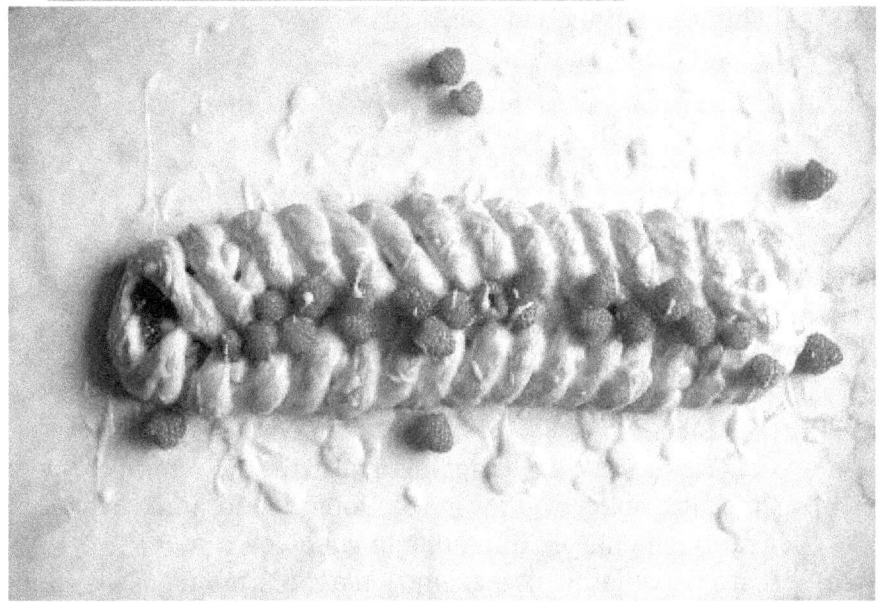

SESTAVINE:
- 4 skodelice moke za kruh
- 1/3 skodelice sladkorja
- 1 čajna žlička soli
- 1 paket instant kvasa
- 1 skodelica toplega mleka
- 3 velika jajca
- 1/2 skodelice nesoljenega masla, stopljenega
- 1 skodelica svežih jagod, narezanih
- 4 unče kremnega sira, zmehčanega
- 1/4 skodelice sladkorja v prahu

NAVODILA:
a) Kvas raztopite v toplem mleku, pustite stati 5 minut.
b) Zmešajte moko, sladkor in sol. Dodamo mešanico kvasa, jajca in stopljeno maslo. Gnetemo do gladkega.
c) Testo razvaljamo, namažemo s plastjo kremnega sira, nanj položimo narezane jagode.
d) Testo prepognemo čez nadev in oblikujemo pletenico.
e) Pustite, da vzhaja, nato pa pecite pri 350°F (175°C) 25-30 minut.

48.Češnjevi mandljevi brioši

SESTAVINE:
- 3 1/2 skodelice večnamenske moke
- 1/4 skodelice sladkorja
- 1 čajna žlička soli
- 1 paket aktivnega suhega kvasa
- 1/2 skodelice toplega mleka
- 3 velika jajca
- 1/2 skodelice nesoljenega masla, zmehčanega
- 1 skodelica svežih ali zamrznjenih češenj, izkoščičenih in razpolovljenih
- 1/2 skodelice narezanih mandljev

NAVODILA:
a) Zmešamo toplo mleko in kvas, pustimo vzhajati.
b) Zmešamo moko, sladkor, sol, dodamo kvasno zmes, jajca in zmehčano maslo. Gnetemo do gladkega.
c) Nežno vmešajte češnje in narezane mandlje.
d) Pustimo vzhajati, razvaljamo testo, enakomerno razporedimo češnje in mandlje ter zvijemo v poleno.
e) Narežemo na porcije, položimo v pomaščen pekač in pustimo še enkrat vzhajati.
f) Pečemo pri 375°F (190°C) 25-30 minut.

49. Mango kokos brioš zvitki

SESTAVINE:
- 4 skodelice moke za kruh
- 1/4 skodelice sladkorja
- 1 čajna žlička soli
- 1 paket instant kvasa
- 1 skodelica toplega kokosovega mleka
- 3 velika jajca
- 1/2 skodelice nesoljenega masla, stopljenega
- 1 skodelica svežega manga, narezanega na kocke
- 1/2 skodelice naribanega kokosa

NAVODILA:
a) Kvas raztopite v toplem kokosovem mleku, pustite stati 5 minut.
b) Zmešajte moko, sladkor in sol. Dodamo mešanico kvasa, jajca in stopljeno maslo. Gnetemo do gladkega.
c) Nežno vmešajte na kocke narezan mango in nastrgan kokos.
d) Pustimo vzhajati, narežemo na porcije in položimo v pekač.
e) Pustite, da ponovno vzhaja, nato pa pecite pri 350°F (175°C) 20-25 minut.

50.Brioš s sirom iz robidnice in limone

SESTAVINE:
- 3 1/4 skodelice večnamenske moke
- 1/4 skodelice sladkorja
- 1 čajna žlička soli
- 1 paket aktivnega suhega kvasa
- 1/2 skodelice toplega mleka
- 3 velika jajca
- 1/2 skodelice nesoljenega masla, zmehčanega
- 1 skodelica svežih robid
- 4 unče kremnega sira, zmehčanega
- Lupina 1 limone

NAVODILA:
a) Zmešamo toplo mleko in kvas, pustimo, da se speni.
b) Zmešajte moko, sladkor in sol. Dodamo kvasno mešanico, jajca, zmehčano maslo, kremni sir in limonino lupinico. Gnetemo do gladkega.
c) Nežno zložite robide.
d) Pustimo vzhajati, oblikujemo v hlebček in pustimo, da še enkrat vzhaja.
e) Pečemo pri 375°F (190°C) 30-35 minut.

51.Citrus Kiwi Brioche Venec

SESTAVINE:
- 4 skodelice moke za kruh
- 1/3 skodelice sladkorja
- 1 čajna žlička soli
- 1 paket instant kvasa
- 1 skodelica toplega pomarančnega soka
- 3 velika jajca
- 1/2 skodelice nesoljenega masla, stopljenega
- Lupina 1 pomaranče
- 2 kivija, olupljena in narezana

NAVODILA:
a) Kvas raztopite v toplem pomarančnem soku, pustite stati 5 minut.
b) Zmešajte moko, sladkor in sol. Dodamo kvasno mešanico, jajca, stopljeno maslo in pomarančno lupinico. Gnetemo do gladkega.
c) Pustimo vzhajati, razvaljamo testo in oblikujemo venec.
d) Na vrh položite rezine kivija, pustite, da ponovno vzhaja, nato pa pecite pri 375 °F (190 °C) 30-35 minut.

ZELENJAVNI BRIOŠI

52. Brioches de pommes de terre

SESTAVINE:
- 1½ funta kuhanega krompirja, olupljenega in narezanega na četrtine
- 4 žlice nesoljenega masla, narezanega na kocke, pri sobni temperaturi
- 3 veliki rumenjaki
- ½ čajne žličke soli
- Beli poper po okusu
- 1 čajna žlička mleka
- 8 Dobro namazani modelčki za miniaturne brioše, ohlajeni

NAVODILA:
a) V kotličku krompir prelijemo s hladno vodo in zavremo osoljeno vodo. Krompir dušite 12 do 15 minut ali dokler ni mehak. Krompir odcedimo in ga skozi lonec pretlačimo v skledo.
b) Vmešajte maslo, 2 rumenjaka, sol in beli poper ter pustite, da se mešanica ohladi vsaj 20 minut ali največ 2 uri.
c) Pečico segrejte na 425 stopinj F.
d) ¼ skodelice mešanice prenesite na rahlo pomokano površino, z rahlo pomokanimi rokami odščipnite kos velikosti frnikole in ga rezervirajte. Večji del razvaljajte v gladko kroglico in jo nežno položite v enega od ohlajenih modelčkov. Na vrhu krogle nežno naredite plitvo vdolbino, rezervirani del velikosti frnikole oblikujte v gladko kroglo in jo previdno položite v vdolbino.
e) V majhni skledi zmešajte zadnji rumenjak z mlekom in s čopičem namažite jajčno vodo na vsak brioš, pri čemer pazite, da ne pade po steni modela. Pečemo na pekaču 25 do 30 minut oziroma dokler niso zlato rjavi. Pustite jih 20 minut, da se ohladijo na rešetki.
f) Zrahljajte robove s kovinskim nabodalom in obrnite, da jih previdno odstranite iz kalupov.
g) Lahko se naredijo en dan vnaprej. Shranjujte ohlajeno in pokrito ter ponovno segrevajte pri 400 stopinjah F. 15 minut.

53.Brioš zvitki, polnjeni s špinačo in feto

SESTAVINE:
- 3 1/2 skodelice večnamenske moke
- 1/4 skodelice sladkorja
- 1 čajna žlička soli
- 1 paket aktivnega suhega kvasa
- 1/2 skodelice toplega mleka
- 3 velika jajca
- 1/2 skodelice nesoljenega masla, zmehčanega
- 1 skodelica sveže narezane špinače
- 1/2 skodelice zdrobljenega feta sira

NAVODILA:
a) Zmešamo toplo mleko in kvas, pustimo vzhajati.
b) Zmešajte moko, sladkor in sol. Dodamo kvasno mešanico, jajca in zmehčano maslo. Gnetemo do gladkega.
c) Nežno vmešajte nasekljano špinačo in feta sir.
d) Pustimo vzhajati, oblikujemo svaljke in položimo v pekač.
e) Pustite, da ponovno vzhaja, nato pa pecite pri 375 °F (190 °C) 20-25 minut.

54.Torta z brioši iz pražene rdeče paprike in kozjega sira

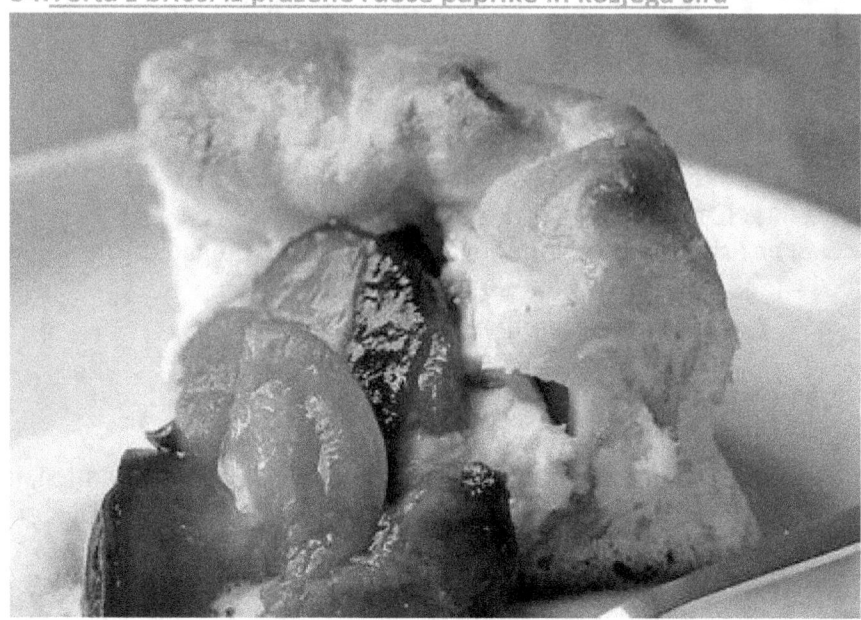

SESTAVINE:
- 4 skodelice moke za kruh
- 1/4 skodelice sladkorja
- 1 čajna žlička soli
- 1 paket instant kvasa
- 1 skodelica tople vode
- 3 velika jajca
- 1/2 skodelice nesoljenega masla, stopljenega
- 1 skodelica pečene rdeče paprike, narezane na kocke
- 1/2 skodelice zdrobljenega kozjega sira

NAVODILA:
a) Kvas raztopite v topli vodi, pustite stati 5 minut.
b) Zmešajte moko, sladkor in sol. Dodamo mešanico kvasa, jajca in stopljeno maslo. Gnetemo do gladkega.
c) Nežno vmešamo na kocke narezano pečeno rdečo papriko in kozji sir.
d) Pustimo vzhajati, razvaljamo testo in ga položimo v pekač za tart.
e) Pustite, da ponovno vzhaja, nato pa pecite pri 350°F (175°C) 25-30 minut.

55.Brioche pletenica z gobami in švicarskim sirom

SESTAVINE:
- 3 1/4 skodelice večnamenske moke
- 1/4 skodelice sladkorja
- 1 čajna žlička soli
- 1 paket aktivnega suhega kvasa
- 1/2 skodelice toplega mleka
- 3 velika jajca
- 1/2 skodelice nesoljenega masla, zmehčanega
- 1 skodelica gob, drobno sesekljanih
- 1 skodelica naribanega švicarskega sira

NAVODILA:
a) Zmešamo toplo mleko in kvas, pustimo, da se speni.
b) Zmešajte moko, sladkor in sol. Dodamo kvasno mešanico, jajca in zmehčano maslo. Gnetemo do gladkega.
c) Nežno vmešajte sesekljane gobe in nariban švicarski sir.
d) Pustimo vzhajati, razdelimo na porcije in spletemo kose.
e) Položite na pekač, pustite, da ponovno vzhaja, nato pa pecite pri 375 °F (190 °C) 25-30 minut.

56. Focaccia Brioche iz bučk in parmezana

SESTAVINE:
- 4 skodelice moke za kruh
- 1/3 skodelice sladkorja
- 1 čajna žlička soli
- 1 paket instant kvasa
- 1 skodelica tople vode
- 3 velika jajca
- 1/2 skodelice nesoljenega masla, stopljenega
- 1 skodelica naribane bučke
- 1/2 skodelice naribanega parmezana

NAVODILA:
a) Kvas raztopite v topli vodi, pustite stati 5 minut.
b) Zmešajte moko, sladkor in sol. Dodamo mešanico kvasa, jajca in stopljeno maslo. Gnetemo do gladkega.
c) Nežno vmešajte naribane bučke in parmezan.
d) Pustimo vzhajati, testo razporedimo po pekaču v obliko fokače.
e) Pustite, da ponovno vzhaja, nato pa pecite pri 350°F (175°C) 25-30 minut.

57. Brioš zvitki iz posušenih paradižnikov in bazilike

SESTAVINE:
- 3 1/2 skodelice večnamenske moke
- 1/4 skodelice sladkorja
- 1 čajna žlička soli
- 1 paket aktivnega suhega kvasa
- 1/2 skodelice toplega mleka
- 3 velika jajca
- 1/2 skodelice nesoljenega masla, zmehčanega
- 1/2 skodelice posušenih paradižnikov, narezanih
- 1/4 skodelice sveže bazilike, drobno sesekljane

NAVODILA:
a) Zmešamo toplo mleko in kvas, pustimo vzhajati.
b) Zmešajte moko, sladkor in sol. Dodamo kvasno mešanico, jajca in zmehčano maslo. Gnetemo do gladkega.
c) Nežno vmešajte sesekljane posušene paradižnike in svežo baziliko.
d) Pustimo vzhajati, oblikujemo svaljke in položimo v pekač.
e) Pustite, da ponovno vzhaja, nato pa pecite pri 375 °F (190 °C) 20-25 minut.

58.Brioš žemljice, polnjene s brokolijem in čedarjem

SESTAVINE:
- 4 skodelice moke za kruh
- 1/4 skodelice sladkorja
- 1 čajna žlička soli
- 1 paket instant kvasa
- 1 skodelica tople vode
- 3 velika jajca
- 1/2 skodelice nesoljenega masla, stopljenega
- 1 skodelica brokolijevih cvetov, poparjenih in sesekljanih
- 1 skodelica naribanega cheddar sira

NAVODILA:
a) Kvas raztopite v topli vodi, pustite stati 5 minut.
b) Zmešajte moko, sladkor in sol. Dodamo mešanico kvasa, jajca in stopljeno maslo. Gnetemo do gladkega.
c) Nežno vmešajte poparjen in nasekljan brokoli ter nariban sir cheddar.
d) Pustite vzhajati, oblikujte žemljice in položite na pekač.
e) Pustite, da ponovno vzhaja, nato pa pecite pri 350°F (175°C) 25-30 minut.

59. Karamelizirana čebulna in Gruyère Brioche torta

SESTAVINE:
- 3 1/4 skodelice večnamenske moke
- 1/4 skodelice sladkorja
- 1 čajna žlička soli
- 1 paket aktivnega suhega kvasa
- 1/2 skodelice toplega mleka
- 3 velika jajca
- 1/2 skodelice nesoljenega masla, zmehčanega
- 2 veliki čebuli, narezani na tanke rezine in karamelizirani
- 1 skodelica naribanega sira Gruyère

NAVODILA:
a) Zmešamo toplo mleko in kvas, pustimo, da se speni.
b) Zmešajte moko, sladkor in sol. Dodamo kvasno mešanico, jajca in zmehčano maslo. Gnetemo do gladkega.
c) Nežno dodajte karamelizirano čebulo in narezan sir Gruyère.
d) Pustimo vzhajati, razvaljamo testo in ga položimo v pekač za tart.
e) Pustite, da ponovno vzhaja, nato pa pecite pri 375 °F (190 °C) 30-35 minut.

60.Vrtnice iz artičok in pesta Brioche

SESTAVINE:
- 4 skodelice moke za kruh
- 1/3 skodelice sladkorja
- 1 čajna žlička soli
- 1 paket instant kvasa
- 1 skodelica tople vode
- 3 velika jajca
- 1/2 skodelice nesoljenega masla, stopljenega
- 1 skodelica mariniranih srčkov artičok, sesekljanih
- 1/4 skodelice pesto omake

NAVODILA:
a) Kvas raztopite v topli vodi, pustite stati 5 minut.
b) Zmešajte moko, sladkor in sol. Dodamo mešanico kvasa, jajca in stopljeno maslo. Gnetemo do gladkega.
c) Nežno vmešajte sesekljana marinirana srca artičok in pesto omako.
d) Pustite vzhajati, razvaljajte testo, enakomerno razporedite pesto in artičoke, nato pa zvijte v klado.
e) Narežemo na kolesca, položimo na pekač in pustimo, da ponovno vzhaja.
f) Pečemo pri 350°F (175°C) 20-25 minut.

SIRNI BRIOŠ

61. Sirni brioš

SESTAVINE:
- 1 skodelica vode
- 2 unči margarine
- 1 čajna žlička soli
- 1 čajna žlička kajenskega popra
- 1 skodelica nebeljene bele moke, presejana
- 3 jajca
- 3 unče sira gruyere, drobno narezanega

NAVODILA:

a) Pečico segrejte na 375 F. V ponvi s prostornino 1 litra na nizkem ognju zavrite vodo, margarino, sol in kajensko papriko. Ko se margarina stopi, zmanjšajte temperaturo. Dodajte moko. Testo bo oblikovalo kroglo.

b) Kroglo neprestano mešajte z leseno žlico 2 do 3 minute.

c) Pogosto strgajte dno pekača, da se testo ne sprime. Odstranite z ognja in testo položite v veliko posodo za mešanje. Testo razporedite v skledo in pustite, da se ohladi 10 minut.

d) Ker bodo vaše roke kmalu postale zelo lepljive, postavite velik pekač blizu sklede, preden začnete z naslednjim korakom.

e) Ko je testo dovolj hladno, da se jajca ne kuhajo v testu, dodajte vsa jajca v testo. Mešajte z roko, dokler se jajca popolnoma ne zmešajo. Dodajte sir in temeljito premešajte.

f) Položite kroglico testa na sredino nenamazanega pekača. Testo razporedite od sredine, da oblikujete ovalni obroč 5 x 8 palcev.

62. Sir hruškov brioš

SESTAVINE:
ZA TESTO:
- 1/5 skodelice mleka
- 5 jajc
- ⅓ skodelice sladkorja
- 3½ skodelice večnamenske moke
- 1½ čajne žličke aktivnega suhega kvasa ½ čajne žličke soli
- Po pisku:
- 1 skodelica zamrznjenega masla, narezanega na kocke

POLNJENJE:
- 1 hruška
- 1 ⅓ skodelice kremnega sira

ZA GLAZURO:
- 1 jajce

NAVODILA:
a) Testo zgnetemo v kruhomatu. Vzamemo ven, zavijemo s kuhinjsko folijo in čez noč postavimo v hladilnik.
b) Preden začnete kuhati žemljice, postavite testo na toplo mesto za 1 uro.
c) Po tem testo razrežemo na 12 enakih delov. Od vsakega dela odščipnite majhen košček testa.
d) Velike in majhne kose testa oblikujte v krogle.
e) Velike krogle položite v z maslom namazane skodelice za peko kolačkov in s prstom pritisnite na sredino njihovih vrhov, da se malo poglobijo.
f) Olupite in drobno sesekljajte 1 hruško ter zmešajte z mehkim sirom. V veliko testeno kroglo naredimo poglobitev, vanjo damo nadev in ga pokrijemo z malo kroglo.
g) Pokrijemo z brisačo in pustimo 1 uro počivati in vzhajati.
h) Pečico segrejte na 350 stopinj F (180 stopinj C).
i) Površino vaših briošev namažite s stepenim jajcem.
j) Pečemo v predhodno ogreti pečici do zlato rjave barve 15-20 minut.
k) Brioš ohladite na rešetki.

63.Brioš iz posušenih paradižnikov in mocarele

SESTAVINE:
- 1/2 skodelice mleka
- 5 jajc
- 1/3 skodelice sladkorja
- 3 1/2 skodelice večnamenske moke
- 1 1/2 žličke aktivnega suhega kvasa
- 1/2 čajne žličke soli
- 1 skodelica naribanega sira mozzarella
- 1/2 skodelice posušenih paradižnikov (narezanih)
- 1 čajna žlička posušenega origana
- 1 skodelica zamrznjenega masla, narezanega na kocke
- 1 jajce (za glazuro)

NAVODILA:
a) V kruhomatu zmešajte mleko, jajca, sladkor, moko, kvas in sol.
b) Po začetnem gnetenju dodamo na kocke narezano zamrznjeno maslo. Pustite, da kruhomat zaključi cikel testa.
c) Testo vzamemo ven, ga zavijemo s kuhinjsko folijo in pustimo čez noč v hladilniku.
d) Pred peko naj testo počiva na toplem 1 uro. Razdelite na 12 delov.
e) Velike dele testa oblikujte v krogle in jih polagajte v z maslom namazane pekače za kolačke.
f) Pritisnite sredino vsake velike krogle, da ustvarite poglobitev.
g) Nastrgano mocarelo zmešamo s sesekljanimi suhimi paradižniki in suhim origanom.
h) Vdolbino vsake testene krogle napolnite z mešanico mocarele, suhih paradižnikov in origana.
i) Pokrijemo z brisačo in pustimo počivati še eno uro, da vzhaja.
j) Pečico segrejte na 350°F (180°C).
k) Stepite jajce in površino vsakega brioša premažite z jajčno vodo.
l) Pečemo 15-20 minut oziroma do zlato rjave barve.
m) Brioš iz suhih paradižnikov in mocarele ohladite na rešetki.

64. Parmezan in česen brioš vozli

SESTAVINE:

- 1/2 skodelice mleka
- 5 jajc
- 1/3 skodelice sladkorja
- 3 1/2 skodelice večnamenske moke
- 1 1/2 žličke aktivnega suhega kvasa
- 1/2 čajne žličke soli
- 1 skodelica naribanega parmezana
- 3 stroki česna (mleti)
- 2 žlici svežega peteršilja (sesekljan)
- 1 skodelica zamrznjenega masla, narezanega na kocke
- 1 jajce (za glazuro)

NAVODILA:

a) V kruhomatu zmešajte mleko, jajca, sladkor, moko, kvas in sol.
b) Po začetnem gnetenju dodamo na kocke narezano zamrznjeno maslo. Pustite, da kruhomat zaključi cikel testa.
c) Testo vzamemo ven, ga zavijemo s kuhinjsko folijo in pustimo čez noč v hladilniku.
d) Pred peko naj testo počiva na toplem 1 uro. Razdelite na 12 delov.
e) Vsak del oblikujte v vozle za edinstven zasuk in jih položite na pekač.
f) V skledi zmešamo nariban parmezan, sesekljan česen in sesekljan svež peteršilj.
g) Vsak vozel povaljajte v mešanici parmezana, česna in peteršilja, tako da so dobro prevlečeni.
h) Pokrijemo z brisačo in pustimo počivati še eno uro, da vzhaja.
i) Pečico segrejte na 350°F (180°C).
j) Stepite jajce in površino vsakega brioševega vozla premažite z jajčno vodo.
k) Pečemo 15-20 minut oziroma do zlato rjave barve.
l) Parmezanove in česnove brioš vozle ohladite na rešetki.

65. Brioš, polnjen s slanino in čedarjem

SESTAVINE:
- 1/2 skodelice mleka
- 5 jajc
- 1/3 skodelice sladkorja
- 3 1/2 skodelice večnamenske moke
- 1 1/2 žličke aktivnega suhega kvasa
- 1/2 čajne žličke soli
- 1 skodelica kuhane in nadrobljene slanine
- 1 skodelica naribanega cheddar sira
- 1 skodelica zamrznjenega masla, narezanega na kocke
- 1 jajce (za glazuro)

NAVODILA:
a) V kruhomatu zmešajte mleko, jajca, sladkor, moko, kvas in sol.
b) Po začetnem gnetenju dodamo na kocke narezano zamrznjeno maslo. Pustite, da kruhomat zaključi cikel testa.
c) Testo vzamemo ven, ga zavijemo s kuhinjsko folijo in pustimo čez noč v hladilniku.
d) Pred peko naj testo počiva na toplem 1 uro. Razdelite na 12 delov.
e) Velike dele testa oblikujte v krogle in jih polagajte v z maslom namazane pekače za kolačke.
f) Pritisnite sredino vsake velike krogle, da ustvarite poglobitev.
g) Kuhano in nadrobljeno slanino zmešamo z nastrganim čedarjem.
h) Poglobitev vsake testene krogle napolnite z mešanico slanine in čedarja.
i) Pokrijemo z brisačo in pustimo počivati še eno uro, da vzhaja.
j) Pečico segrejte na 350°F (180°C).
k) Stepite jajce in površino vsakega brioša premažite z jajčno vodo.
l) Pečemo 15-20 minut oziroma do zlato rjave barve.
m) Brioš, polnjen s slanino in čedarjem, ohladite na rešetki.

66.Jalapeño in Pepper Jack Brioche zvitki

SESTAVINE:
- 1/2 skodelice mleka
- 5 jajc
- 1/3 skodelice sladkorja
- 3 1/2 skodelice večnamenske moke
- 1 1/2 žličke aktivnega suhega kvasa
- 1/2 čajne žličke soli
- 1 skodelica naribanega sira Pepper Jack
- 1/2 skodelice vloženih jalapeñosov (nasekljanih)
- 1 skodelica zamrznjenega masla, narezanega na kocke
- 1 jajce (za glazuro)

NAVODILA:
a) V kruhomatu zmešajte mleko, jajca, sladkor, moko, kvas in sol.
b) Po začetnem gnetenju dodamo na kocke narezano zamrznjeno maslo. Pustite, da kruhomat zaključi cikel testa.
c) Testo vzamemo ven, ga zavijemo s kuhinjsko folijo in pustimo čez noč v hladilniku.
d) Pred peko naj testo počiva na toplem 1 uro. Razdelite na 12 delov.
e) Velike dele testa oblikujte v krogle in jih polagajte v z maslom namazane pekače za kolačke.
f) Pritisnite sredino vsake velike krogle, da ustvarite poglobitev.
g) Zmešajte narezan sir Pepper Jack s sesekljanimi vloženimi jalapeños.
h) Napolnite globino vsake testene krogle z mešanico jalapeña in sira.
i) Pokrijemo z brisačo in pustimo počivati še eno uro, da vzhaja.
j) Pečico segrejte na 350°F (180°C).
k) Stepite jajce in površino vsakega brioša premažite z jajčno vodo.
l) Pečemo 15-20 minut oziroma do zlato rjave barve.
m) Zvitke Jalapeño and Pepper Jack Brioche ohladite na rešetki.

67. Gauda in zeliščni brioš

SESTAVINE:
- 1/2 skodelice mleka
- 5 jajc
- 1/3 skodelice sladkorja
- 3 1/2 skodelice večnamenske moke
- 1 1/2 žličke aktivnega suhega kvasa
- 1/2 čajne žličke soli
- 1 skodelica naribanega sira gauda
- 1 skodelica zamrznjenega masla, narezanega na kocke
- 1 jajce (za glazuro)
- 1 žlica mešanice zelišč

NAVODILA:
a) V kruhomatu zmešajte mleko, jajca, sladkor, moko, kvas in sol.
b) Po začetnem gnetenju dodamo na kocke narezano zamrznjeno maslo. Pustite, da kruhomat zaključi cikel testa.
c) Testo vzamemo ven, ga zavijemo s kuhinjsko folijo in pustimo čez noč v hladilniku.
d) Pred peko naj testo počiva na toplem 1 uro. Razdelite na 12 delov.
e) Velike dele testa oblikujte v krogle in jih polagajte v z maslom namazane pekače za kolačke.
f) Pritisnite sredino vsake velike krogle, da ustvarite poglobitev.
g) Nastrgano gavdo zmešamo z mešanico zelišč in z mešanico napolnimo poglobitev.
h) Pokrijemo z brisačo in pustimo počivati še eno uro, da vzhaja.
i) Pečico segrejte na 350°F (180°C).
j) Površino vsakega brioša namažite s stepenim jajcem.
k) Pečemo 15-20 minut oziroma do zlato rjave barve.
l) Brioš ohladite na rešetki.

68. Brioš z modrim sirom in orehi

SESTAVINE:
- 1/2 skodelice mleka
- 5 jajc
- 1/3 skodelice sladkorja
- 3 1/2 skodelice večnamenske moke
- 1 1/2 žličke aktivnega suhega kvasa
- 1/2 čajne žličke soli
- 1 skodelica modrega sira
- 1 skodelica zamrznjenega masla, narezanega na kocke
- 1 skodelica sesekljanih orehov
- 1 jajce (za glazuro)

NAVODILA:
a) V kruhomatu zmešajte mleko, jajca, sladkor, moko, kvas in sol.
b) Po začetnem gnetenju dodamo na kocke narezano zamrznjeno maslo. Pustite, da kruhomat zaključi cikel testa.
c) Testo vzamemo ven, ga zavijemo s kuhinjsko folijo in pustimo čez noč v hladilniku.
d) Pred peko naj testo počiva na toplem 1 uro. Razdelite na 12 delov.
e) Velike dele testa oblikujte v krogle in jih polagajte v z maslom namazane pekače za kolačke.
f) Pritisnite sredino vsake velike krogle, da ustvarite poglobitev.
g) Modri sir nadrobite in ga primešajte sesekljanim orehom.
h) Z mešanico modrega sira in orehov napolnite poglobitev vsake testene krogle.
i) Pokrijemo z brisačo in pustimo počivati še eno uro, da vzhaja.
j) Pečico segrejte na 350°F (180°C).
k) Stepite jajce in površino vsakega brioša premažite z jajčno vodo.
l) Pečemo 15-20 minut oziroma do zlato rjave barve.
m) Brioš z modrim sirom in orehi ohladite na rešetki.

BRIOŠ Z OREŠČKI

69. Sladki brioš z rozinami in mandlji

SESTAVINE:
- 1 unča svežega kvasa
- 4 unče mleka; prekuhano in ohlajeno do mlačnega
- ½ unče fine soli
- 18 unč moke
- 6 jajc
- 12 unč masla
- 3 unče sladkorja
- 7 unč rozin
- 3 žlice ruma
- 4 unče celih mandljev; olupljen in zelo rahlo opečen
- 1 jajčni rumenjak zmešamo z:
- 1 žlica mleka
- Maslo za kalup
- Sladkor v prahu (sladkor v prahu) za posipanje

NAVODILA:

a) Kvas in mleko dajte v posodo mešalnika in rahlo stepajte. Dodamo sol, nato moko in jajca. Mešalnik vklopite na srednjo hitrost in mešanico s kavljem za testo kuhajte približno 10 minut, dokler testo ni gladko in elastično z veliko telesa.

b) Zmešajte maslo in sladkor, zmanjšajte hitrost mešalnika na nizko in dodajte masleno mešanico v testo, po malem, pri čemer testo neprestano obdelujte.

c) Ko je vse maslo vmešano, povečajte hitrost in mešajte 8 do 10 minut v mešalniku ali približno 15 minut ročno, dokler testo ni zelo gladko in sijoče. Moral bi biti prožen in dokaj elastičen in se bo oddaljil od sten sklede.

d) Testo pokrijte s pekačem in ga pustite na toplem, približno 75 F, 2 uri, dokler se ne podvoji.

e) Testo potisnite nazaj tako, da ga s pestjo udarite največ 2 ali 3 krat. Pokrijemo ga s pekačem in pustimo v hladilniku vsaj 4 ure, vendar ne več kot 24 ur.

f) Priprava, rozine: Rozine damo v skledo z rumom, pokrijemo s prozorno folijo in pustimo macerirati nekaj ur.

OBLIKOVANJE:

g) Model izdatno namastite z maslom in na dno grebenov položite tretjino mandljev.
h) Ohlajeno testo na rahlo pomokani površini razvaljamo v ozek pravokotnik, ki je dovolj dolg, da obložimo dno modela.
i) Preostale mandlje sesekljamo in jih skupaj z rozinami, namočenimi v rumu, stresemo po testu.
j) Testo razvaljajte v mastno obliko klobase in jo močno stisnite skupaj. Razporedite ga po dnu modela in rahlo pritisnite.
k) Oba robova zaprite skupaj z zelo malo mešanice rumenjakov in mleka. Pustite na toplem. približno 77F za približno 2½ ure, dokler testo ne naraste do treh četrtin napolnjenosti kalupa.
l) Pečico segrejte na 425 F.
m) Brioš pečemo v predhodno ogreti pečici 10 minut, nato znižamo temperaturo na 400F in pečemo še 35 minut. Če proti koncu porjavi, ga pokrijemo z mastnim papirjem.
n) Vroči brioš obrnite na rešetko, previdno odstranite model in ga vrnite v pečico za 5 minut, da se sredica speče in rahlo obarva. Pred serviranjem pustite, da se ohladi vsaj 2 uri.
o) Postrežba: Rahlo potresemo s sladkorjem v prahu.

70.Orehov orehov karamelni brioš

SESTAVINE:
- 1/2 skodelice mleka
- 5 jajc
- 1/3 skodelice sladkorja
- 3 1/2 skodelice večnamenske moke
- 1 1/2 žličke aktivnega suhega kvasa
- 1/2 čajne žličke soli
- 1 skodelica sesekljanih pekanov
- 1 skodelica zamrznjenega masla, narezanega na kocke
- 1/2 skodelice karamelne omake
- 1 jajce (za glazuro)

NAVODILA:
a) V kruhomatu zmešajte mleko, jajca, sladkor, moko, kvas in sol.
b) Po začetnem gnetenju dodamo na kocke narezano zamrznjeno maslo.
c) Pustite, da kruhomat zaključi cikel testa.
d) Testo vzamemo ven, zavijemo s kuhinjsko folijo in pustimo čez noč v hladilniku.
e) Pred peko naj testo počiva na toplem 1 uro.
f) Testo razdelimo na 12 enakih delov.
g) Velike dele testa oblikujte v krogle in jih polagajte v z maslom namazane pekače za kolačke.
h) V testo vmešamo sesekljane orehe.
i) Testo oblikujte v 12 delov in jih položite v z maslom namazane pekače za kolačke.
j) Pritisnite sredino vsake velike krogle, da ustvarite poglobitev.
k) Poglobitev napolnite s kapljico karamelne omake.
l) Pokrijemo z brisačo in pustimo počivati še eno uro, da vzhaja.
m) Pečico segrejte na 350°F (180°C).
n) Stepite jajce in površino vsakega brioša premažite z jajčno vodo.
o) Pečemo 15-20 minut oziroma do zlato rjave barve.
p) Ohladite Nutty Pecan Caramel Brioche na rešetki.

71. Brioche z mandlji in medom

SESTAVINE:
- 1/2 skodelice mleka
- 5 jajc
- 1/3 skodelice sladkorja
- 3 1/2 skodelice večnamenske moke
- 1 1/2 žličke aktivnega suhega kvasa
- 1/2 čajne žličke soli
- 1 skodelica narezanih mandljev
- 1 skodelica zamrznjenega masla, narezanega na kocke
- 1/4 skodelice medu
- 1 jajce (za glazuro)

NAVODILA:
a) V kruhomatu zmešajte mleko, jajca, sladkor, moko, kvas in sol.
b) Po začetnem gnetenju dodamo na kocke narezano zamrznjeno maslo.
c) Pustite, da kruhomat zaključi cikel testa.
d) Testo vzamemo ven, zavijemo s kuhinjsko folijo in pustimo čez noč v hladilniku.
e) Pred peko naj testo počiva na toplem 1 uro.
f) Testo razdelimo na 12 enakih delov.
g) Velike dele testa oblikujte v krogle in jih polagajte v z maslom namazane pekače za kolačke.
h) V testo vmešamo narezane mandlje.
i) Testo oblikujte v 12 delov in jih položite v z maslom namazane pekače za kolačke.
j) Pritisnite sredino vsake velike krogle, da ustvarite poglobitev.
k) V poglobitev vsakega brioša nakapajte malo medu.
l) Pokrijemo z brisačo in pustimo počivati še eno uro, da vzhaja.
m) Pečico segrejte na 350°F (180°C).
n) Stepite jajce in površino vsakega brioša premažite z jajčno vodo.
o) Pečemo 15-20 minut oziroma do zlato rjave barve.
p) Zvitke brioša z mandlji in medom ohladite na rešetki.

72. Brioš vozli z orehovim in javorjevim sirupom

SESTAVINE:
- 1/2 skodelice mleka
- 5 jajc
- 1/3 skodelice sladkorja
- 3 1/2 skodelice večnamenske moke
- 1 1/2 žličke aktivnega suhega kvasa
- 1/2 čajne žličke soli
- 1 skodelica sesekljanih orehov
- 1 skodelica zamrznjenega masla, narezanega na kocke
- 1/2 skodelice javorjevega sirupa
- 1 jajce (za glazuro)

NAVODILA:
a) V kruhomatu zmešajte mleko, jajca, sladkor, moko, kvas in sol.
b) Po začetnem gnetenju dodamo na kocke narezano zamrznjeno maslo.
c) Pustite, da kruhomat zaključi cikel testa.
d) Testo vzamemo ven, zavijemo s kuhinjsko folijo in pustimo čez noč v hladilniku.
e) Pred peko naj testo počiva na toplem 1 uro.
f) Testo razdelimo na 12 enakih delov.
g) Velike dele testa oblikujte v krogle in jih polagajte v z maslom namazane pekače za kolačke.
h) V testo vmešamo sesekljane orehe.
i) Testo oblikujemo v vozle in jih polagamo na pekač.
j) Vsak vozel brioša pokapljajte z javorjevim sirupom.
k) Pokrijemo z brisačo in pustimo počivati še eno uro, da vzhaja.
l) Pečico segrejte na 350°F (180°C).
m) Stepite jajce in površino vsakega brioševega vozla premažite z jajčno vodo.
n) Pečemo 15-20 minut oziroma do zlato rjave barve.
o) Brioche Knots iz orehov in javorjevega sirupa ohladite na rešetki.

73.Lešnikovi čokoladni brioši

SESTAVINE:
- 1/2 skodelice mleka
- 5 jajc
- 1/3 skodelice sladkorja
- 3 1/2 skodelice večnamenske moke
- 1 1/2 žličke aktivnega suhega kvasa
- 1/2 čajne žličke soli
- 1 skodelica sesekljanih lešnikov
- 1 skodelica zamrznjenega masla, narezanega na kocke
- 1/2 skodelice čokoladnih koščkov
- 1 jajce (za glazuro)

NAVODILA:
a) V kruhomatu zmešajte mleko, jajca, sladkor, moko, kvas in sol.
b) Po začetnem gnetenju dodamo na kocke narezano zamrznjeno maslo.
c) Pustite, da kruhomat zaključi cikel testa.
d) Testo vzamemo ven, zavijemo s kuhinjsko folijo in pustimo čez noč v hladilniku.
e) Pred peko naj testo počiva na toplem 1 uro.
f) Testo razdelimo na 12 enakih delov.
g) Velike dele testa oblikujte v krogle in jih polagajte v z maslom namazane pekače za kolačke.
h) V testo vmešamo sesekljane lešnike in koščke čokolade.
i) Testo razvaljamo v pravokotnik in enakomerno potresemo mešanico oreščkov in čokolade.
j) Testo razvaljamo v poleno in ga narežemo na 12 krogov.
k) Kroglice položite v z maslom namazane pekače za kolačke.
l) Pokrijemo z brisačo in pustimo počivati še eno uro, da vzhaja.
m) Pečico segrejte na 350°F (180°C).
n) Stepite jajce in površino vsakega brioša namažite z jajčno vodo.
o) Pečemo 15-20 minut oziroma do zlato rjave barve.
p) Lešnikove čokoladne brioše ohladite na rešetki.

74. Brioš iz indijskih oreščkov in pomarančnih lupin

SESTAVINE:
- 1/2 skodelice mleka
- 5 jajc
- 1/3 skodelice sladkorja
- 3 1/2 skodelice večnamenske moke
- 1 1/2 žličke aktivnega suhega kvasa
- 1/2 čajne žličke soli
- 1 skodelica sesekljanih indijskih oreščkov
- 1 skodelica zamrznjenega masla, narezanega na kocke
- Lupina 2 pomaranč
- 1 jajce (za glazuro)

NAVODILA:
a) V kruhomatu zmešajte mleko, jajca, sladkor, moko, kvas in sol.
b) Po začetnem gnetenju dodamo na kocke narezano zamrznjeno maslo.
c) Pustite, da kruhomat zaključi cikel testa.
d) Testo vzamemo ven, zavijemo s kuhinjsko folijo in pustimo čez noč v hladilniku.
e) Pred peko naj testo počiva na toplem 1 uro.
f) Testo razdelimo na 12 enakih delov.
g) Velike dele testa oblikujte v krogle in jih polagajte v z maslom namazane pekače za kolačke.
h) V testo vmešamo sesekljane indijske oreščke in pomarančno lupinico.
i) Testo oblikujte v 12 delov in jih položite v z maslom namazane pekače za kolačke.
j) Pritisnite sredino vsake velike krogle, da ustvarite poglobitev.
k) Pokrijemo z brisačo in pustimo počivati še eno uro, da vzhaja.
l) Pečico segrejte na 350°F (180°C).
m) Stepite jajce in površino vsakega brioša premažite z jajčno vodo.
n) Pečemo 15-20 minut oziroma do zlato rjave barve.
o) Ohladite brioš iz indijskih oreščkov in pomarančnih lupin na rešetki.

75.Brioš vozli iz pistacije in malinovega džema

SESTAVINE:
- 1/2 skodelice mleka
- 5 jajc
- 1/3 skodelice sladkorja
- 3 1/2 skodelice večnamenske moke
- 1 1/2 žličke aktivnega suhega kvasa
- 1/2 čajne žličke soli
- 1 skodelica sesekljanih pistacij
- 1 skodelica zamrznjenega masla, narezanega na kocke
- Malinova marmelada
- 1 jajce (za glazuro)

NAVODILA:
a) V kruhomatu zmešajte mleko, jajca, sladkor, moko, kvas in sol.
b) Po začetnem gnetenju dodamo na kocke narezano zamrznjeno maslo.
c) Pustite, da kruhomat zaključi cikel testa.
d) Testo vzamemo ven, zavijemo s kuhinjsko folijo in pustimo čez noč v hladilniku.
e) Pred peko naj testo počiva na toplem 1 uro.
f) Testo razdelimo na 12 enakih delov.
g) Velike dele testa oblikujte v krogle in jih polagajte v z maslom namazane pekače za kolačke.
h) V testo vmešamo sesekljane pistacije.
i) Testo oblikujemo v vozle in jih polagamo na pekač.
j) V vsakem vozlu naredimo manjšo vdolbino in jo napolnimo z malinovo marmelado.
k) Pokrijemo z brisačo in pustimo počivati še eno uro, da vzhaja.
l) Pečico segrejte na 350°F (180°C).
m) Stepite jajce in površino vsakega brioševega vozla premažite z jajčno vodo.
n) Pečemo 15-20 minut oziroma do zlato rjave barve.
o) Brioche Knots s pistacijo in malinovo marmelado ohladite na rešetki.

76.Brioš iz makadamije in kokosa

SESTAVINE:
- 1/2 skodelice mleka
- 5 jajc
- 1/3 skodelice sladkorja
- 3 1/2 skodelice večnamenske moke
- 1 1/2 žličke aktivnega suhega kvasa
- 1/2 čajne žličke soli
- 1 skodelica sesekljanih orehov makadamije
- 1 skodelica zamrznjenega masla, narezanega na kocke
- 1/2 skodelice naribanega kokosa
- 1 jajce (za glazuro)

NAVODILA:
a) V kruhomatu zmešajte mleko, jajca, sladkor, moko, kvas in sol.
b) Po začetnem gnetenju dodamo na kocke narezano zamrznjeno maslo.
c) Pustite, da kruhomat zaključi cikel testa.
d) Testo vzamemo ven, zavijemo s kuhinjsko folijo in pustimo čez noč v hladilniku.
e) Pred peko naj testo počiva na toplem 1 uro.
f) Testo razdelimo na 12 enakih delov.
g) Velike dele testa oblikujte v krogle in jih polagajte v z maslom namazane pekače za kolačke.
h) V testo vmešamo sesekljane oreščke makadamije in nastrgan kokos.
i) Testo razvaljamo v pravokotnik in enakomerno potresemo mešanico oreščkov in kokosa.
j) Testo razvaljamo v poleno in ga narežemo na 12 krogov.
k) Kroglice položite v z maslom namazane pekače za kolačke.
l) Pokrijemo z brisačo in pustimo počivati še eno uro, da vzhaja.
m) Pečico segrejte na 350°F (180°C).
n) Stepite jajce in površino vsakega brioša namažite z jajčno vodo.
o) Pečemo 15-20 minut oziroma do zlato rjave barve.
p) Ohladite makadamije in kokosove brioše na rešetki.

77.Brioš z lešniki in espresso glazuro

SESTAVINE:
- 1/2 skodelice mleka
- 5 jajc
- 1/3 skodelice sladkorja
- 3 1/2 skodelice večnamenske moke
- 1 1/2 žličke aktivnega suhega kvasa
- 1/2 čajne žličke soli
- 1 skodelica sesekljanih lešnikov
- 1 skodelica zamrznjenega masla, narezanega na kocke
- 1/4 skodelice močno kuhanega espressa
- 1 skodelica sladkorja v prahu
- 1 jajce (za glazuro)

NAVODILA:
a) V kruhomatu zmešajte mleko, jajca, sladkor, moko, kvas in sol.
b) Po začetnem gnetenju dodamo na kocke narezano zamrznjeno maslo.
c) Pustite, da kruhomat zaključi cikel testa.
d) Testo vzamemo ven, zavijemo s kuhinjsko folijo in pustimo čez noč v hladilniku.
e) Pred peko naj testo počiva na toplem 1 uro.
f) Testo razdelimo na 12 enakih delov.
g) Velike dele testa oblikujte v krogle in jih polagajte v z maslom namazane pekače za kolačke.
h) V testo vmešamo sesekljane lešnike.
i) Testo oblikujte v 12 delov in jih položite v z maslom namazane pekače za kolačke.
j) Pritisnite sredino vsake velike krogle, da ustvarite poglobitev.
k) Pokrijemo z brisačo in pustimo počivati še eno uro, da vzhaja.
l) Pečico segrejte na 350°F (180°C).
m) Stepite jajce in površino vsakega brioša premažite z jajčno vodo.
n) Pečemo 15-20 minut oziroma do zlato rjave barve.
o) Brioš z lešniki in espresso glazuro ohladite na rešetki.

CVETLIČNI BRIOŠ

78.Brioš iz koruzne moke sivke

SESTAVINE:
- 4 skodelice belega; nebeljena moka
- 1 skodelica koruznega zdroba
- 1 čajna žlička soli
- 1 čajna žlička sivke
- 8 unč toplega nemastnega mleka; segreto na 85 stopinj
- 1 žlica svežega kvasa
- 1 žlica medu
- 2 cela jajca; pretepen

NAVODILA:

a) V vodo in med dodajte kvas in pustite na toplem, da se speni, nato dodajte stepena jajca.

b) Zmešajte mokre in suhe sestavine in gnetite 8 minut. Testo postavimo na toplo in pustimo vzhajati, da podvoji prostornino.

c) Nato preluknjajte in oblikujte v želeno obliko. Pustite, da mešanica testa ponovno vzhaja, dokler se ne podvoji, in pecite pri 350 stopinjah 25-30 minut.

d) Čas peke se razlikuje glede na obliko in velikost štruce.

e) Končano je, ko je videti svetlo rjavo in ob udarcu zveni votlo.

79.Sivkin medeni brioš

SESTAVINE:
- 1/2 skodelice mleka
- 5 jajc
- 1/3 skodelice sladkorja
- 3 1/2 skodelice večnamenske moke
- 1 1/2 žličke aktivnega suhega kvasa
- 1/2 čajne žličke soli
- 2 žlici posušenih cvetov sivke (kulinarika)
- 1 skodelica zamrznjenega masla, narezanega na kocke
- 1/4 skodelice medu
- 1 jajce (za glazuro)

NAVODILA:
a) V kruhomatu zmešajte mleko, jajca, sladkor, moko, kvas in sol.
b) Po začetnem gnetenju dodamo na kocke narezano zamrznjeno maslo in posušene sivkine cvetove.
c) Pustite, da kruhomat zaključi cikel testa.
d) Testo vzamemo ven, ga zavijemo s kuhinjsko folijo in pustimo čez noč v hladilniku.
e) Pred peko naj testo počiva na toplem 1 uro. Razdelite na 12 delov.
f) Velike dele testa oblikujte v krogle in jih polagajte v z maslom namazane pekače za kolačke.
g) Pritisnite sredino vsake velike krogle, da ustvarite poglobitev.
h) V poglobitev vsakega brioša nakapajte med.
i) Pokrijemo z brisačo in pustimo počivati še eno uro, da vzhaja.
j) Pečico segrejte na 350°F (180°C).
k) Stepite jajce in površino vsakega brioša premažite z jajčno vodo.
l) Pečemo 15-20 minut oziroma do zlato rjave barve.
m) Lavender Honey Brioche ohladite na rešetki.

80.Brioche vozli iz cvetnih listov vrtnice in kardamoma

SESTAVINE:
- 1/2 skodelice mleka
- 5 jajc
- 1/3 skodelice sladkorja
- 3 1/2 skodelice večnamenske moke
- 1 1/2 žličke aktivnega suhega kvasa
- 1/2 čajne žličke soli
- Cvetni listi 2 bio vrtnic (opranih in drobno narezanih)
- 1 skodelica zamrznjenega masla, narezanega na kocke
- 1 čajna žlička mletega kardamoma
- 1 jajce (za glazuro)

NAVODILA:
a) V kruhomatu zmešajte mleko, jajca, sladkor, moko, kvas in sol.
b) Po začetnem gnetenju dodamo na kocke narezano zamrznjeno maslo.
c) Pustite, da kruhomat zaključi cikel testa.
d) Testo vzamemo ven, zavijemo s kuhinjsko folijo in pustimo čez noč v hladilniku.
e) Pred peko naj testo počiva na toplem 1 uro.
f) Testo razdelimo na 12 enakih delov.
g) Velike dele testa oblikujte v krogle in jih polagajte v z maslom namazane pekače za kolačke.
h) V testo vmešamo sesekljane cvetne liste vrtnic in mleti kardamom.
i) Testo oblikujemo v vozle in jih polagamo na pekač.
j) Pokrijemo z brisačo in pustimo počivati še eno uro, da vzhaja.
k) Pečico segrejte na 350°F (180°C).
l) Stepite jajce in površino vsakega brioševega vozla premažite z jajčno vodo.
m) Pečemo 15-20 minut oziroma do zlato rjave barve.
n) Ohladite vrtnične lističe in kardamom Brioche Knots na rešetki.

81.Pomarančni cvetovi in pistacijevi brioši

SESTAVINE:
- 1/2 skodelice mleka
- 5 jajc
- 1/3 skodelice sladkorja
- 3 1/2 skodelice večnamenske moke
- 1 1/2 žličke aktivnega suhega kvasa
- 1/2 čajne žličke soli
- 1/4 skodelice sesekljanih pistacij
- 1 skodelica zamrznjenega masla, narezanega na kocke
- 1 čajna žlička vode pomarančnih cvetov
- 1 jajce (za glazuro)

NAVODILA:
a) V kruhomatu zmešajte mleko, jajca, sladkor, moko, kvas in sol.
b) Po začetnem gnetenju dodamo na kocke narezano zamrznjeno maslo.
c) Pustite, da kruhomat zaključi cikel testa.
d) Testo vzamemo ven, zavijemo s kuhinjsko folijo in pustimo čez noč v hladilniku.
e) Pred peko naj testo počiva na toplem 1 uro.
f) Testo razdelimo na 12 enakih delov.
g) Velike dele testa oblikujte v krogle in jih polagajte v z maslom namazane pekače za kolačke.
h) V testo vmešamo sesekljane pistacije in vodo pomarančnih cvetov.
i) Testo razvaljamo v pravokotnik in enakomerno potresemo pistacijevo mešanico.
j) Testo razvaljamo v poleno in ga narežemo na 12 krogov.
k) Kroglice položite v z maslom namazane pekače za kolačke.
l) Pokrijemo z brisačo in pustimo počivati še eno uro, da vzhaja.
m) Pečico segrejte na 350°F (180°C).
n) Stepite jajce in površino vsakega brioša namažite z jajčno vodo.
o) Pečemo 15-20 minut oziroma do zlato rjave barve.
p) Ohladite pomarančne cvetove in pistacijeve brioše na rešetki.

82. Brioš iz kamilice in limonine lupinice

SESTAVINE:
- 1/2 skodelice mleka
- 5 jajc
- 1/3 skodelice sladkorja
- 3 1/2 skodelice večnamenske moke
- 1 1/2 žličke aktivnega suhega kvasa
- 1/2 čajne žličke soli
- 2 žlici posušenih cvetov kamilice (kulinarika)
- Lupina 2 limon
- 1 skodelica zamrznjenega masla, narezanega na kocke
- 1 jajce (za glazuro)

NAVODILA:
a) V kruhomatu zmešajte mleko, jajca, sladkor, moko, kvas in sol.
b) Po začetnem gnetenju dodamo na kocke narezano zamrznjeno maslo, posušene cvetove kamilice in limonino lupinico.
c) Pustite, da kruhomat zaključi cikel testa.
d) Testo vzamemo ven, ga zavijemo s kuhinjsko folijo in pustimo čez noč v hladilniku.
e) Pred peko naj testo počiva na toplem 1 uro. Razdelite na 12 delov.
f) Velike dele testa oblikujte v krogle in jih polagajte v z maslom namazane pekače za kolačke.
g) Pritisnite sredino vsake velike krogle, da ustvarite poglobitev.
h) Pokrijemo z brisačo in pustimo počivati še eno uro, da vzhaja.
i) Pečico segrejte na 350°F (180°C).
j) Stepite jajce in površino vsakega brioša premažite z jajčno vodo.
k) Pečemo 15-20 minut oziroma do zlato rjave barve.
l) Brioš s kamilico in limonino lupinico ohladite na rešetki.

83. Zvitki z jasminovim čajem in breskovim briošem

SESTAVINE:
- 1/2 skodelice mleka
- 5 jajc
- 1/3 skodelice sladkorja
- 3 1/2 skodelice večnamenske moke
- 1 1/2 žličke aktivnega suhega kvasa
- 1/2 čajne žličke soli
- 2 žlici jasminovih čajnih listov (razsutih ali iz čajnih vrečk)
- 1 skodelica zamrznjenega masla, narezanega na kocke
- 1 skodelica na kocke narezanih svežih breskev
- 1 jajce (za glazuro)

NAVODILA:
a) V kruhomatu zmešajte mleko, jajca, sladkor, moko, kvas in sol.
b) Po začetnem gnetenju dodamo na kocke narezano zamrznjeno maslo.
c) Pustite, da kruhomat zaključi cikel testa.
d) Testo vzamemo ven, zavijemo s kuhinjsko folijo in pustimo čez noč v hladilniku.
e) Pred peko naj testo počiva na toplem 1 uro.
f) Testo razdelimo na 12 enakih delov.
g) Velike dele testa oblikujte v krogle in jih polagajte v z maslom namazane pekače za kolačke.
h) V testo vmešamo lističe jasminovega čaja.
i) Testo oblikujte v 12 delov in jih položite v z maslom namazane pekače za kolačke.
j) Pritisnite sredino vsake velike krogle, da ustvarite poglobitev.
k) Poglobitev napolnimo s svežimi breskvami, narezanimi na kocke.
l) Pokrijemo z brisačo in pustimo počivati še eno uro, da vzhaja.
m) Pečico segrejte na 350°F (180°C).
n) Stepite jajce in površino vsakega brioša premažite z jajčno vodo.
o) Pečemo 15-20 minut oziroma do zlato rjave barve.
p) Zvitke z jasminovim čajem in breskovim briošem ohladite na rešetki.

84.Hibiskus in Berry Brioche Vozli

SESTAVINE:
- 1/2 skodelice mleka
- 5 jajc
- 1/3 skodelice sladkorja
- 3 1/2 skodelice večnamenske moke
- 1 1/2 žličke aktivnega suhega kvasa
- 1/2 čajne žličke soli
- 2 žlici posušenih cvetov hibiskusa (kulinarično)
- 1 skodelica zamrznjenega masla, narezanega na kocke
- 1 skodelica mešanega jagodičevja (jagode, borovnice, maline)
- 1 jajce (za glazuro)

NAVODILA:
a) V kruhomatu zmešajte mleko, jajca, sladkor, moko, kvas in sol.
b) Po začetnem gnetenju dodamo na kocke narezano zamrznjeno maslo.
c) Pustite, da kruhomat zaključi cikel testa.
d) Testo vzamemo ven, zavijemo s kuhinjsko folijo in pustimo čez noč v hladilniku.
e) Pred peko naj testo počiva na toplem 1 uro.
f) Testo razdelimo na 12 enakih delov.
g) Velike dele testa oblikujte v krogle in jih polagajte v z maslom namazane pekače za kolačke.
h) V testo vmešamo posušene cvetove hibiskusa.
i) Testo oblikujemo v vozle in jih polagamo na pekač.
j) Pritisnite sredino vsakega vozla in ga napolnite z mešanimi jagodami.
k) Pokrijemo z brisačo in pustimo počivati še eno uro, da vzhaja.
l) Pečico segrejte na 350°F (180°C).
m) Stepite jajce in površino vsakega brioševega vozla premažite z jajčno vodo.
n) Pečemo 15-20 minut oziroma do zlato rjave barve.
o) Hibiskus in Berry Brioche Knots ohladite na rešetki.

85. Brioš iz vijolice in limone

SESTAVINE:
- 1/2 skodelice mleka
- 5 jajc
- 1/3 skodelice sladkorja
- 3 1/2 skodelice večnamenske moke
- 1 1/2 žličke aktivnega suhega kvasa
- 1/2 čajne žličke soli
- 2 žlici posušenih cvetnih listov vijolice (kulinarično)
- Lupina 2 limon
- 1 skodelica zamrznjenega masla, narezanega na kocke
- 1 jajce (za glazuro)

NAVODILA:
a) V kruhomatu zmešajte mleko, jajca, sladkor, moko, kvas in sol.
b) Po začetnem gnetenju dodamo na kocke narezano zamrznjeno maslo.
c) Pustite, da kruhomat zaključi cikel testa.
d) Testo vzamemo ven, zavijemo s kuhinjsko folijo in pustimo čez noč v hladilniku.
e) Pred peko naj testo počiva na toplem 1 uro.
f) Testo razdelimo na 12 enakih delov.
g) Velike dele testa oblikujte v krogle in jih polagajte v z maslom namazane pekače za kolačke.
h) V testo vmešamo posušene lističe vijolice in limonino lupinico.
i) Testo razvaljamo v pravokotnik in ga enakomerno potresemo s cvetlično mešanico.
j) Testo razvaljamo v poleno in ga narežemo na 12 krogov.
k) Kroglice položite v z maslom namazane pekače za kolačke.
l) Pokrijemo z brisačo in pustimo počivati še eno uro, da vzhaja.
m) Pečico segrejte na 350°F (180°C).
n) Stepite jajce in površino vsakega brioša namažite z jajčno vodo.
o) Pečemo 15-20 minut oziroma do zlato rjave barve.
p) Vijolične in limonine brioše ohladite na rešetki.

86. Bezgov in borovničev brioš

SESTAVINE:
- 1/2 skodelice mleka
- 5 jajc
- 1/3 skodelice sladkorja
- 3 1/2 skodelice večnamenske moke
- 1 1/2 žličke aktivnega suhega kvasa
- 1/2 čajne žličke soli
- 2 žlici bezgovega sirupa ali koncentrata
- 1 skodelica zamrznjenega masla, narezanega na kocke
- 1 skodelica svežih borovnic
- 1 jajce (za glazuro)

NAVODILA:
a) V kruhomatu zmešajte mleko, jajca, sladkor, moko, kvas in sol.
b) Po začetnem gnetenju dodamo na kocke narezano zamrznjeno maslo.
c) Pustite, da kruhomat zaključi cikel testa.
d) Testo vzamemo ven, zavijemo s kuhinjsko folijo in pustimo čez noč v hladilniku.
e) Pred peko naj testo počiva na toplem 1 uro.
f) Testo razdelimo na 12 enakih delov.
g) Velike dele testa oblikujte v krogle in jih polagajte v z maslom namazane pekače za kolačke.
h) V testo vmešamo bezgov sirup ali koncentrat.
i) Testo oblikujte v 12 delov in jih položite v z maslom namazane pekače za kolačke.
j) Pritisnite sredino vsake velike krogle, da ustvarite poglobitev.
k) Poglobitev napolnimo s svežimi borovnicami.
l) Pokrijemo z brisačo in pustimo počivati še eno uro, da vzhaja.
m) Pečico segrejte na 350°F (180°C).
n) Stepite jajce in površino vsakega brioša premažite z jajčno vodo.
o) Pečemo 15-20 minut oziroma do zlato rjave barve.
p) Bezgov in borovničev brioš ohladite na rešetki.

CHALLAH BRIOCHE

87. Pekač za kruh Challah

SESTAVINE:
- 2 veliki jajci
- ⅝ skodelice mlačne vode
- 1½ žlice koruznega olja ali drugega mehkega olja
- ½ čajne žličke soli
- 4½ žlice sladkorja
- 3 skodelice moke za kruh
- 2¼ čajne žličke hitro vzhajajočega kvasa

NAVODILA:

a) Upoštevajte določen vrstni red sestavin in jih dodajte v pekomat v želenem vrstnem redu proizvajalca. Na primer, pri stroju Hitachi najprej začnite z mokrimi sestavinami, pri drugih strojih pa je začetek s suhimi sestavinami v redu.

b) Na vašem aparatu za kruh izberite način testa. Če uporabljate stroj Hibachi 1,5 lb, dodajte kvas približno 30 sekund po začetku mešanja. Če uporabljate druge stroje, lahko kvas položite na suhe sestavine.

c) Ko je cikel testa končan, odstranite testo in ga preluknjajte na pomokani površini. Testo bo rahlo lepljivo in zelo napihnjeno.

d) Po nekaj minutah počivanja testo razdelimo na tretjine, vsak del zvijemo v vrvi in jih spletemo.

e) Pustite, da pleteno testo vzhaja, dokler se skoraj ne podvoji, kar običajno traja približno 45 minut. Pleteno štruco položimo na rahlo naoljen pekač, da vzhaja.

f) Pečico segrejte na 350°F (175°C). Challah pečemo približno 25 minut oziroma dokler ni zlato rjave barve. Po želji ga lahko namažete z jajcem za sijoč zaključek, vendar morajo štruce brez tega lepo porjaveti.

88.Majoneza Challah

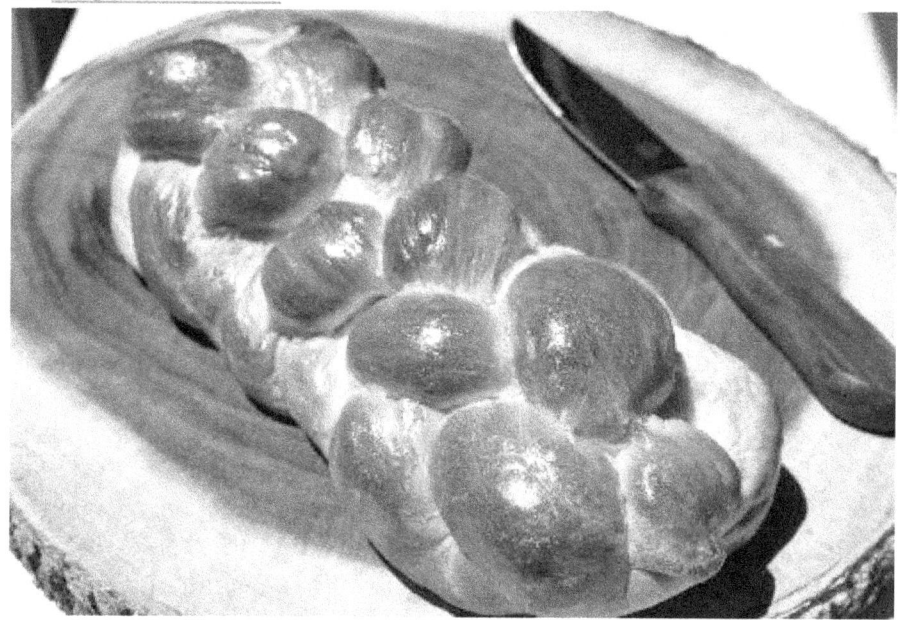

SESTAVINE:
- 7½ skodelice moke
- ¼ skodelice sladkorja
- 2 paketa suhega kvasa
- 1 čajna žlička soli
- 1½ skodelice tople vode
- ½ skodelice majoneze (NE solatni preliv)
- 4 jajca

NAVODILA:
a) V skledi za mešanje zmešajte 2 skodelici moke, sol, sladkor in suhi kvas.
b) Dodamo toplo vodo in z električnim mešalnikom na nizki hitrosti stepamo 2 minuti.
c) Dodamo še 2 skodelici moke, majonezo in 3 jajca. Stepajte z mešalnikom pri srednji hitrosti še 2 minuti.
d) Ročno vmešajte toliko moke (približno 3 skodelice), da dobite gladko in elastično testo. Zamesite testo in po potrebi dodajte več moke, da dosežete želeno teksturo.
e) Testo damo v pomaščeno skledo, pokrijemo in pustimo vzhajati, da se podvoji.
f) Testo preluknjamo in ga razdelimo na pol (ali na tretjine za manjše hlebčke). Pokrijte in pustite testo počivati 10 minut.
g) Vsako polovico razdelite na tri dolge kose, podobne vrvi. Pletejte tri kose skupaj, da oblikujete štruco.
h) Pleteno štruco položimo na pomaščen pekač in jo s četrtim jajcem namažemo z jajčno tekočino. Po želji potresemo z makom ali drugimi dodatki.
i) Pleteno štruco pustimo vzhajati, da se podvoji.
j) Pečico segrejte na 375 °F (190 °C) in pecivo pecite približno 30 minut oziroma dokler ni pripravljeno in lepo zapečeno.
k) Ta majoneza Challah dobro zamrzne za prihodnjo uporabo.

89. Challah s šestimi pletenicami

SESTAVINE:
- 2 paketa aktivnega suhega kvasa
- ¼ do ½ skodelice sladkorja
- 1¼ skodelice tople vode (105 do 115 stopinj)
- 5 do 6 skodelic moke za kruh
- 2 čajni žlički soli
- 3 velika jajca
- ¼ skodelice zelenjavnega masti
- 1 pest sezamovih ali makovih semen
- Koruzni zdrob za posip

NAVODILA:
a) V veliki posodi raztopite kvas in ščepec sladkorja v 1 skodelici tople vode (105 do 115 stopinj). Pustite stati 10 minut.
b) V večjo skledo stresemo moko in dodamo raztopljen kvas. Mešajte z žlico. Dodajte preostali sladkor, sol, 2 jajci in zelenjavno maso.
c) Stepajte približno eno minuto in nato ročno premešajte. Testo zvrnemo na rahlo pomokano površino in gnetemo približno 15 minut, dokler ni mehko, po potrebi dodamo še vodo ali moko. Druga možnost je, da uporabite kavelj za testo v mešalniku za mešanje in gnetenje.
d) Testo položite v rahlo namaščeno skledo in ga obračajte, da zagotovite, da je celotna površina rahlo namaščena. Skledo pokrijemo s krpo in pustimo vzhajati na toplem (75 do 80 stopinj) približno eno uro oziroma dokler se testo ne podvoji.
e) Testo preluknjamo in ga razdelimo na 2 krogli. Vsako kroglico razdelite na 6 kačam podobnih kosov, od katerih je vsak dolg približno 12 centimetrov.
f) Vseh 6 pramenov položite na desko eno poleg druge, tako da 6 koncev stisnete skupaj. Razdelite v 2 skupini po 3 pramene in spletite kito. Vzemite pramen s skrajne leve in ga položite čez druga 2 in na sredino. Nadaljujte s pletenjem, dokler ne porabite testa. Konce stisnite skupaj. Ponovite z drugo štruco.
g) Za lažjo možnost vsako kroglico razdelite na 3 pramene in spletite kito. Zunanji trak položite čez srednjega in nato pod tretjega. Zategnite trakove in nadaljujte s pletenjem. Zavihajte konce in ponovite s preostalimi 3 trakovi.

h) S slaščičarskim čopičem namažite kalo s preostalim jajcem, zmešanim z vodo, in potresite s sezamom ali makom.
i) Po ščetkanju kruha potopite še drugi prst v jajčno vodo in vdolbite vrh pletenic. Potopite prst v semena in se znova dotaknite vdolbine za bolj osupljiv dizajn.
j) Pekač za piškote potresemo s koruzno moko in nanj položimo hlebčke. Pokrijemo jih s plastično folijo in pustimo vzhajati 30 minut na toplem.
k) Pečico segrejte na 375 °F (190 °C). Challah pečemo približno 30 minut oziroma do zlate barve.

90. Challah brez olja

SESTAVINE:
- 1½ skodelice vode
- 2 jajci
- 1½ žlice jabolčne omake
- 1½ čajne žličke soli
- 3 žlice medu
- 3 žlice sladkorja
- 5 skodelic bele moke (ali moke za beli kruh - izpustite gluten)
- 1½ žlice pšeničnega glutena
- 3 žličke kvasa
- 5 kapljic rumene jedilne barve (neobvezno)
- ¾ skodelice rozin (neobvezno)

NAVODILA:
a) Dodajte sestavine v kruhomat (ABM) v vrstnem redu, ki ga določa model. Izberite cikel "TESTO".
b) Med drugim gnetenjem po želji dodamo ¾ skodelice rozin.
c) Ko ABM zaključi cikel testa, vzemite testo in ga razdelite na tri dele.
d) Vsak del rahlo pokrijemo s plastično folijo (lahko jo rahlo poškropimo s PAM-om, da se ne sprime) in pustimo testo vzhajati eno uro.
e) Vsak del razvaljamo in testo spletemo. Rahlo namočite konce, da se lažje sprimejo, in rahlo prepognite pod štruco, da dobi zaobljen videz.
f) Vsako pleteno štruco položite na pekač za piškote, ki ste ga rahlo popršili s PAM-om. Hlebčke pokrijemo s plastično folijo in pustimo vzhajati še eno uro.
g) Pečico segrejte na 350 stopinj Fahrenheita (175 stopinj Celzija).
h) Vsako štruco premažite z enim stepenim jajcem (lahko uporabite stepalnik za jajca, zadostuje že nekaj žličk).
i) Pečemo v predhodno ogreti pečici 25-30 minut oziroma do zlate barve.

91. Raisin Challah

SESTAVINE:
- 4 skodelice tople vode
- 2 žlici suhega kvasa
- 4 jajca
- ½ skodelice olja
- ½ skodelice medu
- 2 skodelici rozin
- 14 do 15 skodelic moke
- 1 žlica grobe soli

Glazura:
- 1 jajce, pretepeno
- Makova semena

NAVODILA:
a) V veliko mešalno posodo nalijte toplo vodo. Vmešajte kvas, jajca, olje, med in rozine. Dobro premešamo in dodamo približno polovico moke. Mešanico pustite počivati 45 minut do 1 ure.
b) Dodamo sol in večino preostale moke. Mešajte in gnetite, dokler testo ni mehko. Pustite, da testo ponovno vzhaja 1 uro ali nadaljujte brez drugega vzhajanja za hitrejši postopek.
c) Testo razdelimo in oblikujemo hlebčke. Oblikovane hlebčke položimo v pomaščene pekače in pustimo vzhajati 45 minut do 1 ure.
d) Pečico segrejte na 350°F (175°C).
e) Za glazuro stepemo eno jajce in z njim premažemo kruhke. Po vrhu potresemo mak.
f) Pecite od 45 minut do 1 ure za štruce ali 30 minut za žemljice ali dokler ne postanejo zlato rjave barve in ob udarjanju zvenijo votlo.

92.Mehka Challah

SESTAVINE:
- 1½ skodelice temnih ali rumenih rozin, nabrušenih
- 1¾ skodelice tople vode
- 2 žlici suhega kvasa
- 1 ščepec sladkorja
- ⅓ skodelice sladkorja
- ⅓ skodelice svetlega medu
- 3½ čajne žličke soli
- ½ skodelice olja
- 3 jajca
- 2 rumenjaka
- Približno 6 do 7 skodelic moke za kruh
- 2 žlici vode
- 2 čajni žlički sladkorja
- 1 jajce
- 1 jajčni rumenjak

Pranje jajc:
- 1 jajce
- 1 jajčni rumenjak

NAVODILA:

a) V veliki posodi za mešanje zmešajte kvas, toplo vodo in ščepec sladkorja. Pustimo stati pet minut, da kvas nabrekne in se raztopi.

b) Na hitro vmešajte preostali sladkor, med in sol. Nato dodamo olje, jajca, rumenjake in približno pet kozarcev moke. Zmešamo v kosmato maso. Pustimo stati 10-20 minut, da se moka vpije.

c) Zgnetite testo, bodisi ročno ali s kavljem za testo, po potrebi dodajte preostalo moko, da dobite mehko in elastično testo (približno 10-12 minut). Testo naj zapusti stene sklede. Če je lepljivo, dodajte majhne količine moke, dokler testo ni mehko, vendar se ne lepi več.

d) Testo pustimo počivati na rahlo pomokani deski deset minut, nato sploščimo in v testo čim bolj enakomerno vtisnemo napihnjene rozine, testo prepognemo čez rozine, da se "vtaknejo".

e) Testo položite v namaščeno skledo in ga pokrijte z namaščeno plastično folijo in vlažno kuhinjsko krpo ali pa ga pokrijte z vlažno kuhinjsko krpo in celotno skledo postavite v veliko plastično vrečko. Pustite, da testo vzhaja na mestu brez prepiha, dokler se ne podvoji in postane napihnjeno, od 45 do 90 minut.
f) Če vzhajate čez noč in se ohladite, položite testo v veliko, rahlo namaščeno skledo in jo vstavite v veliko plastično vrečko. Hladite čez noč. Če testo prehitro vzhaja, odprite vrečko, izpraznite testo in ponovno zaprite. Naslednji dan pustite, da se testo segreje, nato nežno izpraznite in nadaljujte.
g) Testo razdelite na dvoje. Za 'faigele' ali novoletno kalo v obliki turbana oblikujte vsak del v dolgo vrv (dolgo približno 12-14 palcev), ki je na enem koncu debelejša, in jo zvijte, začnite najprej z debelejšim koncem, konec pa zataknite na vrhu zakleniti." Druga možnost je, da vsak del testa razdelite na tri vrvi, dolge približno 14 palcev, in naredite tradicionalno pletenico Challah.
h) Položite na s koruznim zdrobom potresen pekač. V majhni skledi zmešajte sestavine za pranje jajc. Hlebček premažite z jajčno vodo in potresite s sezamovimi semeni.
i) Hlebček naj vzhaja, dokler ne napihne, približno 20-30 minut. Pečico segrejte na 400 stopinj F.
j) Kruh pecite 12 minut, nato zmanjšajte temperaturo na 350 stopinj F in pecite še 25 minut ali dokler kruh enakomerno ne porjavi.

93. Sourdough Challah

SESTAVINE:
- 1 skodelica predjedi iz kislega testa (naj bo pareve, če jo postrežete z mesom)
- 1 skodelica zelo tople vode
- 1 žlica kvasa ali 1 zavitek kvasa
- 1 žlica medu
- 7 skodelic moke za kruh (ali več, z visoko vsebnostjo glutena z malo ječmenove moke ali nebeljene večnamenske moke)
- 2 čajni žlički soli
- 3 jajca
- ¼ skodelice rastlinskega olja (približno)
- 1 jajčni rumenjak, pomešan s 3 kapljicami vode (več ali manj)
- Makova semena

NAVODILA:

a) Zmešajte nastavek za kislo testo, vodo, kvas in med. Pustite, da nabrekne, medtem ko se premikate na naslednji korak.
b) V veliki skledi zmešajte 4 skodelice moke in sol.
c) Na sredini mešanice moke in soli naredite jamico in dodajte jajca in olje.
d) Vlijemo spenjeno kvasno zmes in premešamo z leseno žlico ali metlico z debelim ročajem.
e) Dodajte moko, dokler mešanica ne odstopi od posode. Ni nujno, da je popolnoma gladka.
f) Na pult ali desko za gnetenje potresemo moko. Testo položite na sredino in ga postrgajte čim več iz mešalne posode. Operite skledo za kasnejšo uporabo.
g) Kruh mesimo, dodajamo moko, dokler ne postane gladek in elastičen. Tekstura mora biti kot dojenčkova gola zadnjica, ko jo tapkate.
h) Testo damo v naoljeno mešalno posodo. Pokrijemo ga s povoščenim papirjem in kuhinjsko krpo ter postavimo na toplo, da vzhaja. Pripravljeno je, ko po prebadanju v testu vidite sledi prstov.
i) Testo zvrnemo na pult in ga pritisnemo navzdol, da odstranimo velike zračne mehurčke. Spletite ga v dva ali štiri hlebčke in jih položite na naoljene piškotne pekače. Pustimo jih vzhajati še pol ure.
j) Pečico segrejte na 350°F (175°C). Hlebčke premažemo z rumenjakovo mešanico in izdatno potresemo z makom. Pečemo približno pol ure, pladnje v pečici obračamo. Hlebci morajo ob udarcu zveneti votlo. Naj se ohladijo.

94. Novoletna Challah

SESTAVINE:
- 1 skodelica rozin
- 1 skodelica vrele vode
- 1 skodelica hladne vode (za strojno izdelavo uporabite 100-105 stopinj vode za konvencionalno metodo)
- 1⅜ čajne žličke soli
- 1 žlica sladkorja
- 2 cela jajca
- 2 jajčna rumenjaka, stepena
- ¼ skodelice medu
- ¼ skodelice rastlinskega olja
- 3 čajne žličke instant ali hitro vzhajajočega ali hitro vzhajajočega kvasa
- 3½ do 4 skodelice večnamenske moke
- 1 čajna žlička olja (za premazovanje hladilnika)
- 2 čajni žlički koruzne moke
- 1 jajce
- 1 jajčni rumenjak
- 2 žlici sezamovih semen (po želji)

PRANJE JAJC:
- 1 jajce
- 1 jajčni rumenjak

NAVODILA:
a) V srednje veliko skledo dajte rozine in jih prelijte z vrelo vodo. Pustite, da se napolnijo 2 minuti. Odcedite, popivnajte in pustite, da se ohladijo.

NAVODILA ZA STROJ
b) V ponev stroja ali v vrstnem redu, ki ga določi proizvajalec, dajte hladno vodo, sol, sladkor, jajca, rumenjake, med, olje, kvas in 3 skodelice moke.

c) Vklopite način ali program za testo. Posujte dodatno moko, ko se testo oblikuje v kroglo in se zdi dovolj mokro, da potrebuje preostalo moko. Pred drugim gnetenjem dodamo še rozine. Dodati jih je treba, ko je testo oblikovano, vendar naj ostane nekaj časa za gnetenje, da se jih vključi.

d) Če vaš stroj tega ne omogoča, pustite, da dokonča cikel testa. Odstranite ga na pomokano desko in preprosto vtisnite rozine. Nadaljujte z navodili za oblikovanje štruc. Glej opombo 2
e) Konvencionalna navodila V veliki skledi zmešajte toplo vodo, sol, sladkor in med. Potresemo z instant, hitro vzhajajočim ali hitro vzhajanim kvasom. Stepite jajca, rumenjake in rastlinsko olje. Vmešajte 3 skodelice moke. Če uporabljate električni mešalnik, pritrdite kavelj za testo in gnetite z mešalnikom ali ročno 8-10 minut, dokler testo ne postane mehko in elastično, pri tem pa zapustite stran sklede. Če je testo lepljivo, dodajte majhne količine moke, dokler ni testo mehko in se ne lepi več.
f) Delovno površino potresemo s preostalo ¼ skodelice moke. Testo naj počiva 10 minut na površini. Zgnetite ali stisnite rozine čim bolj enakomerno, tako da testo prepognete čez rozine, da se zataknejo. Testo pokrijte z vlažno čisto brisačo. Testo pustimo počivati 20 minut. Ali pa, če pustite, da vzhaja čez noč, ga položite v veliko, naoljeno plastično vrečko in čez noč postavite v hladilnik. Če vidite, da kruh vzhaja, odprite vrečko, izpraznite testo in ponovno zaprite. Naslednji dan preluknjajte kruh in nadaljujte, kot sledi.
g) Oblikovanje štruc: Delajte na pekaču, prekritem s folijo ali pergamentom in posutem s koruzno moko. Za tradicionalno pletenico razdelite testo na 3 15-palčne dolge hlode; za venec uporabite 3 18-palčne hlode; za turban uporabite 2 18-palčna polena, ki sta 20 % debelejša na enem koncu kot na drugem. Za pletenico spletite 3 polena, konce stisnite skupaj in podtaknite. Za okrogel venček spletite kito in jo oblikujte v krog. Konce stisnite skupaj in jih potisnite v krog, da se ne vidijo. Za turbane, začenši na debelejšem koncu, zvijte kruh v krog. Na koncu stisnite konico in potisnite spodaj.
h) V majhni skledi zmešajte jajce in rumenjake za jajčno vodo. Kruh izdatno namažite z jajčno vodo. Pustimo vzhajati 30-40 minut.
i) Ponovno premažemo in po želji potresemo s sezamom.
j) Peka: 15 minut pred peko pečico segrejte na 375°F (190°C). Pečemo 30-35 minut, da se skorja lepo zapeče in ob udarjanju zazveni votlo.

95.Polnjena Challah

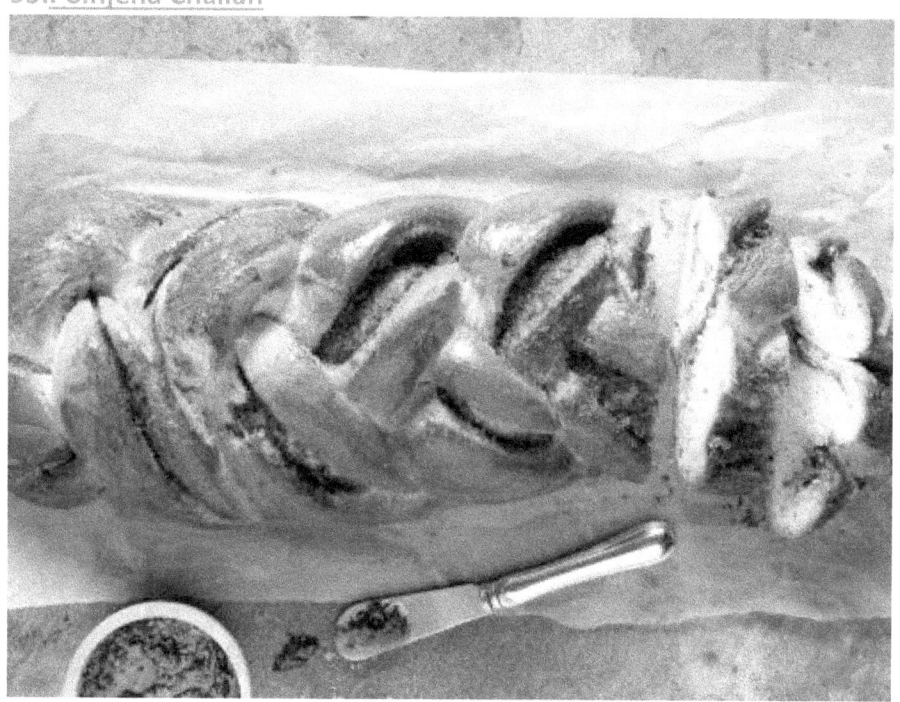

SESTAVINE:
- Challah testo
- Narezana jabolka
- Rjavi sladkor
- Cimet
- Pranje jajc
- Cimet in sladkor za posipanje

NAVODILA:
a) Pripravite testo za challah po svojem najljubšem receptu.
b) Vrvice testa sploščimo in nanje na tanko položimo na kocke narezana jabolka, ki smo jih prepražili na malo rjavega sladkorja in cimeta. Prepričajte se, da je zmes dobro odcejena, da med peko ne bo izcedila.
c) Vsako vrv zvijte navzgor, podobno kot zvitek z želejem, in zaprite oba konca.
d) Previdno prepletite vrvi.
e) Pleteno testo pustimo vzhajati približno 45 minut do ene ure.
f) Predgrejte pečico.
g) Pleteno testo namažite z jajčno tekočino.
h) Po vrhu potresemo cimet in sladkor za dodaten okus.
i) Pecite v skladu z navodili za vaš recept za challah, dokler challah ni zlato rjave barve in ob udarjanju ne zazveni votlo.

96.Sladka Challah

SESTAVINE:
- ½ skodelice plus ¼ čajne žličke granuliranega sladkorja
- 2¼ skodelice mlačne vode
- 2 paketa aktivnega posušenega kvasa
- 10 skodelic nebeljene moke za beli kruh in 1½ skodelice več po potrebi
- 1 žlica grobe ali košer soli
- 4 Stepena jajca Jumbo pri sobni temperaturi in 1 rumenjak
- ½ skodelice arašidovega olja in še več za namastitev pekačev
- ½ skodelice plus 1 čajna žlička medu, razdeljeno
- ½ skodelice rozin
- Makova semena

NAVODILA:
a) V mlačni vodi raztopite ¼ čajne žličke sladkorja. Vmešamo kvas; postavite na mesto brez prepiha za vzhajanje (približno 10 minut).
b) Zmešajte 10 skodelic moke, sol in preostalo ½ skodelice sladkorja v skledi ročno ali v kuhinjskem robotu, opremljenem z rezilom za testo. Če mešate ročno, naredite jamico v sredini mešanice moke.
c) V skledo ali posodo kuhinjskega robota dodajte 4 stepena jajca, ½ skodelice olja, ½ skodelice medu in vzhajano mešanico kvasa.
d) Mešajte in gnetite ročno ali z rezilom za testo v kuhinjskem robotu, dodajajte dodatno moko, dokler testo ne oblikuje lepljive kepe in se vleče stran od stranic.
e) Testo položimo na pomokano desko; še naprej mesite ročno in po potrebi dodajte moko. Testo mora biti mehurjasto od gnetenja, mora biti vlažno in rahlo lepljivo, vendar se ne sme oprijemati deske ali prstov.
f) Testo damo v naoljeno skledo; pokrijemo z vlažno kuhinjsko krpo. Postavite na mesto brez prepiha, da vzhaja 2½ do 3 ure, dokler se masa ne podvoji.
g) Testo preizkusite tako, da ga potisnete s prstom. Če se ne vrne nazaj, je pripravljeno za drugo gnetenje. Testo preluknjamo in potresemo z rozinami. Vgnetemo rozine.

h) Testo položimo v naoljen pekač, pokrijemo z vlažno krpo in pustimo vzhajati 1 uro do 1½ ure, da se masa podvoji.
i) Testo razdelite na 4 enake kose. Vsakega od 4 kosov razdelite na 3 enake dele. Vsak kos zvijte v vrv, dolgo vsaj 24 centimetrov, s tanjšimi konci.
j) Stisnite tri pramene skupaj na enem koncu, nato jih spletite skupaj. Navijte pletenico v tuljavo, začenši na vrhu spirale.
k) Hlebce položite na pekače za piškote ali plitve pekače; pokrijte z vlažnimi kuhinjskimi krpami. Hlebce pustite vzhajati približno 35 do 45 minut, dokler se ne podvojijo.
l) Naredite jajčni sperite tako, da zmešate jajčni rumenjak, preostalo 1 čajno žličko medu in 1 žlico hladne vode. Vsako štruco s čopičem namažite z jajčno vodo. Potresemo z makom.
m) Pečemo v predhodno ogreti pečici na 350 stopinj 35 do 45 minut. Hlebčki so pečeni, ko so zlato rjavi in ob udarjanju po dnu zvenijo votlo.
n) Pred serviranjem ohladite na rešetki.

97.Zelo maslena Challah

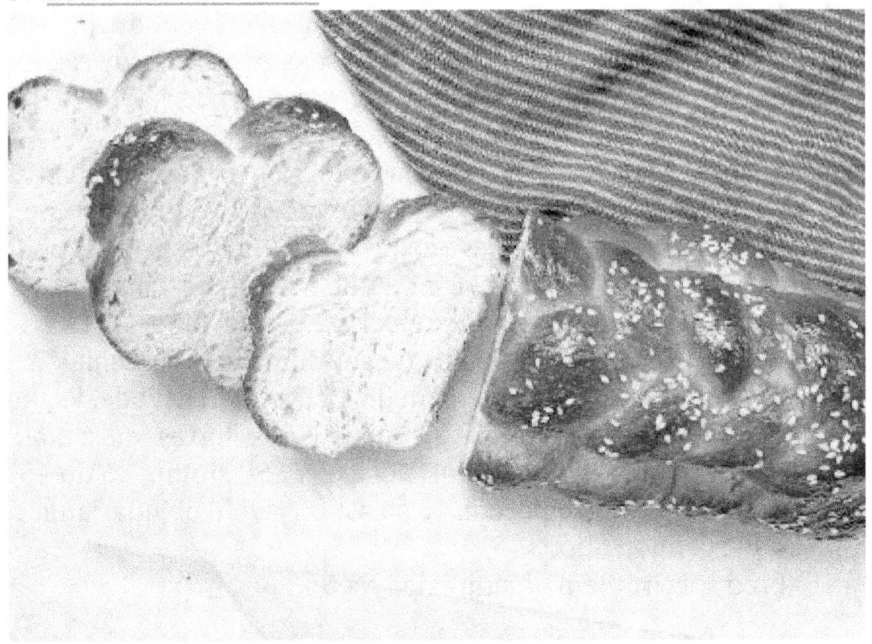

SESTAVINE:
- 2½ palčke masla, stopljenega
- 2 paketa kvasa
- 2 skodelici tople vode
- 7 skodelic nebeljene moke
- 4 čajne žličke soli
- 3 jajca, pretepena
- ½ skodelice sladkorja
- 2 jajci, pretepeni
- Makovo seme (neobvezno)
- Sezamovo seme (neobvezno)

NAVODILA:
a) V topli vodi raztopimo kvas.
b) V veliki skledi stepemo 3 jajca. Jajčni zmesi dodamo sol, sladkor, raztopljen kvas in stopljeno maslo.
c) Naenkrat vmešajte 4 skodelice moke. Nadaljujte z dodajanjem še 3 skodelice moke, dokler testo ni mehke konsistence.
d) Testo gnetemo na pomokani deski, dokler ni več lepljivo in elastično na otip.
e) Testo damo v namaščeno mešalno posodo in pokrijemo z brisačo. Pustite vzhajati uro in pol ali dokler se masa ne podvoji.
f) Testo preluknjamo, ga malo pregnetemo in razdelimo na 6 kosov. Vsak kos razvaljajte z rokami, da oblikujete dolge tanke vrvi.
g) Spletite 3 vrvi, konce stisnite skupaj. Postopek ponovite z ostalimi 3 vrvmi.
h) Vsako pleteno štruco položite na svoj pomaščen pekač, pokrijte z brisačo in pustite vzhajati približno eno uro ali dokler se masa ne podvoji.
i) Pečico segrejte na 350°F.
j) Hlebčke premažite z 2 stepenima jajcema in po želji potresite z makom ali sezamom.
k) Pečemo v predhodno ogreti pečici približno 45 minut oziroma toliko časa, da kruh zlato rjavo zapeče.

98. Vodna Challah

SESTAVINE:
- 2 paketa kvasa
- 1 čajna žlička sladkorja
- 2¼ skodelice tople vode
- 8 do 9 skodelic presejane moke
- 1/3 do 1/2 skodelice sladkorja
- 1/3 skodelice olja
- 1 žlica plus 1 čajna žlička soli
- 2 čajni žlički kisa

NAVODILA:

a) V ½ skodelice tople vode raztopite kvas in žličko sladkorja. Pustite stati 5 minut, dokler ne nastane mehurček.

b) V skledi za mešanje zmešajte 4 skodelice moke, mešanico kvasa in preostale sestavine. Stepajte približno 3 minute.

c) Vmešajte preostalo moko, 1 skodelico naenkrat, zadnjo skodelico gnetite ročno ali s kavljem za kruh približno 10 minut. Prepričajte se, da je testo dobro pregneteno za gladko strukturo.

d) Testo položimo v pomaščeno skledo, ga obrnemo, pokrijemo in pustimo vzhajati na toplem, dokler se ne podvoji, približno 1½ do 2 uri.

e) Testo preluknjamo in ga spletemo v 3 čale. Po želji lahko testo razdelite in naredite manjše čale.

f) Pletene čele pokrijemo z vlažno krpo in pustimo vzhajati, da se podvojijo, približno 1 uro. Bodite pozorni nanje, ko se približujete koncu časa vzhajanja.

g) Hale premažemo s stepenim jajcem in po želji potresemo s semeni (po želji).

h) Pečemo v predhodno ogreti pečici na 345°F 45 minut. Čale so gotove, ko ob udarjanju po dnu oddajo votel zvok.

99. Chocolate Swirl Challah

SESTAVINE:
- 4 skodelice večnamenske moke
- 1/2 skodelice sladkorja
- 1 čajna žlička soli
- 1 zavitek aktivnega suhega kvasa (približno 2 1/4 čajne žličke)
- 1 skodelica tople vode (110 °F/43 °C)
- 1/4 skodelice rastlinskega olja
- 2 veliki jajci
- 1/2 skodelice kakava v prahu
- 1/2 skodelice čokoladnih žetonov (polsladkih)

NAVODILA:
a) V veliki skledi zmešajte toplo vodo, sladkor in kvas. Pustite stati 5-10 minut, dokler ne postane penasta.
b) Mešanici kvasa dodajte olje in jajca ter dobro premešajte.
c) V ločeni skledi zmešajte moko in sol. To mešanico postopoma dodajajte mokrim sestavinam in nenehno mešajte, dokler ne nastane testo.
d) Testo razdelite na dva dela. V enem delu zgnetite kakav v prahu, dokler ni popolnoma premešan.
e) Oba dela testa položimo v ločeni pomaščeni skledi, ju pokrijemo in pustimo vzhajati približno 1-1,5 ure ali dokler se ne podvoji.
f) Pečico segrejte na 350 °F (175 °C).
g) Vsak del testa razvaljamo v pravokotnik. Čokoladno testo položimo na navadno testo in enakomerno potresemo čokoladne koščke.
h) Testo tesno zvijte v poleno in nato spletite kito, kot bi to storili s tradicionalno čalo.
i) Pleteno štruco položimo na pekač, obložen s peki papirjem. Pustite vzhajati še dodatnih 30 minut.
j) Pečemo 25-30 minut ali dokler challah ni zlato rjave barve. Pred rezanjem naj se ohladi.

100.Čala s slanimi zelišči in sirom

SESTAVINE:
- 4 skodelice moke za kruh
- 1 žlica sladkorja
- 1 čajna žlička soli
- 1 zavitek aktivnega suhega kvasa (približno 2 1/4 čajne žličke)
- 1 skodelica tople vode (110 °F/43 °C)
- 1/4 skodelice olivnega olja
- 2 veliki jajci
- 1 skodelica naribanega parmezana ali pecorina
- 2 žlici svežih zelišč (kot so rožmarin, timijan in origano), drobno sesekljanih

NAVODILA:
a) V veliki skledi zmešajte toplo vodo, sladkor in kvas. Pustite stati 5-10 minut, dokler ne postane penasta.
b) Mešanici kvasa dodajte olje in jajca ter dobro premešajte.
c) V ločeni skledi zmešajte moko in sol. To mešanico postopoma dodajajte mokrim sestavinam in nenehno mešajte, dokler ne nastane testo.
d) Testo razdelite na dva dela. V enem delu zgnetite kakav v prahu, dokler ni popolnoma premešan.
e) V testo dodajte nariban sir in sesekljana zelišča ter gnetite, da se dobro poveže.
f) Pečico segrejte na 350 °F (175 °C).
g) Vsak del testa razvaljamo v pravokotnik. Čokoladno testo položimo na navadno testo in enakomerno potresemo čokoladne koščke.
h) Testo tesno zvijte v poleno in nato spletite kito, kot bi to storili pri tradicionalni čali.
i) Pleteno štruco položimo na pekač, obložen s peki papirjem. Pustite vzhajati še dodatnih 30 minut.
j) Pečemo 25-30 minut oziroma dokler čala ni zlato rjava. Pred rezanjem naj se ohladi.

ZAKLJUČEK

Upamo, da ste ob zaključku našega raziskovanja "ULTIMATIVNI PRIROČNIK ZA BRIOŠE" sprejeli umetnost peke popolnih briošev. Vsak recept na teh straneh je dokaz veselja, natančnosti in spretnosti, ki opredeljujejo svet briošev. Ne glede na to, ali ste se čudili slastnim plastem briošev s cimetom ali uživali v preprostosti klasičnega zvitka briošev, verjamemo, da vam je ta priročnik omogočil ustvarjanje briošev pekovske kakovosti v udobju vaše lastne kuhinje.

Poleg sestavin in tehnik naj vam zadovoljstvo, ko iz pečice potegnete zlat, dišeč brioš, postane vir ponosa in veselja. Medtem ko boste še naprej izpopolnjevali svoje pekovske veščine, naj bo "ULTIMATIVNI PRIROČNIK ZA BRIOŠE" vaš glavni vir za okusne različice, inovativne preobrate in brezčasen užitek ob deljenju sveže pečenih briošev s prijatelji in družino.

Tukaj je umetnost peke briošev, čarovnija popolno laminiranega testa in nešteto trenutkov užitka, ki vas čakajo na vašem kulinaričnem potovanju. Naj bo vaša kuhinja napolnjena s sladko dišavo uspeha, ko vsakič obvladate umetnost peke popolnih briošev!

www.ingramcontent.com/pod-product-compliance
Lightning Source LLC
La Vergne TN
LVHW021658060526
838200LV00050B/2415